Das Geheimnis von Aura und Chakras

W0077215

Zum Buch

Dieses Buch gibt einen faszinierenden Einblick in die Geheimnisse von Aura und Chakras. Es zeigt, wie wir alle in einem großen Energiefeld leben und auch selbst ständig Schwingungen ausstrahlen. Das Buch untersucht, wie diese Energien wirken, wie man positive Schwingungen verstärken, sich von negativen lösen und wie man Heilenergien aktivieren kann. Es hilft Ihnen, die Aura zu erkennen und zu deuten und die Chakra-Energien sinnvoll zu nutzen. Auch zeigt es, welche Farben von Aura und Chakra welche Bedeutung haben.
Ein Handbuch voller interessanter Erkenntnisse und praktischer Anwendungsvorschläge – geschrieben von einem weltweit anerkannten Fachmann auf diesem Gebiet!

Zum Autor

Brian Snellgrove ist ein englischer Heiler und Hellseher sowie einer der führenden Erforscher von Aura, Chakras und feinen Energien. Der Pionier auf dem Gebiet der Kirlian-Fotografie arbeitet seit Jahrzehnten an der Verfeinerung von diagnostischen Methoden, die sich auf Schwingungsmuster stützen. Darüber hat er in England zwei grundlegende Bücher veröffentlicht. Brian Snellgrove lebt in London. Er hält Seminare und Vorträge in Europa und den USA und gibt auf Wunsch mediale Einzelsitzungen.

Brian Snellgrove

Das Geheimnis von Aura und Chakras

Entdecken Sie Ihre persönlichen Schwingungen

Econ & List Taschenbuch Verlag

Veröffentlicht im Econ & List Taschenbuch Verlag

Der Econ & List Taschenbuch Verlag ist ein Unternehmen
der Econ & List Verlagsgesellschaft, München

Originalausgabe
2. Auflage 1999
© 1997 by Econ Verlag GmbH, Düsseldorf und München

Umschlagkonzept: Büro Meyer & Schmidt, München – Jorge Schmidt
Umschlaggestaltung: Init GmbH, Bielefeld
Titelabbildung: Bavaria, Düsseldorf
Die Ratschläge in diesem Buch sind von Autor und Verlag sorgfältig er-
wogen und geprüft; dennoch kann eine Garantie nicht übernommen wer-
den. Eine Haftung des Autors bzw. des Verlags und seiner Beauftragten
für Personen-, Sach- und Vermögensschäden ist ausgeschlossen.
Lektorat: Andrea Kaufmann
Gesetzt aus der Rotis Sans Serif/Rotis Serif
Satz: Alinea GmbH, München
Druck und Bindearbeiten: Ebner Ulm
Printed in Germany
ISBN 3–612-19013-X

Inhalt

Teil I
Die Aura

1.

Zur Geschichte der Auraforschung

Jeder Mensch und jedes Ding hat eine Aura. Das Wort »Aura« kommt von dem lateinischen Wort für Luft, welches wiederum von dem griechischen Wort für leichte Brise oder Atem hergeleitet wurde. Es ist nicht religiös oder spirituell, jedoch im Laufe der Jahre wurde es mit spirituellen Eigenschaften in Verbindung gebracht. Der Gedanke einer Aura oder eines Lichtkörpers des Menschen ist so alt wie die Geschichte selbst. Im Hebräischen nannte man dieses Licht »Schechina« oder leuchtende Gegenwart Gottes. In der Bibel werden viele Beispiele zitiert, unter anderem das blendende Licht, mit dem Moses beim brennenden Busch konfrontiert wurde, oder als er vom Berg Sinai mit den Tafeln der zehn Gebote hinabstieg. Das Licht um ihn herum war so hell, daß es den Kindern Israels unmöglich war, ihn anzusehen. Ein außerordentliches Licht schien um Paulus, als er zur Zeit seiner Bekehrung auf dem Weg nach Damaskus eine Vision hatte. Es wird erzählt, daß der heilige Johannes vom Kreuz im Gebet versunken vor einem Altar kniete und eine »gewisse Helle« von seinem Gesicht ausging. Der heilige Philip Neri war ständig von Licht umgeben.

Die bewußte Erfahrung der Aura gibt es, seit der Mensch existiert. Der Begriff der Aura wird meistens mit Menschen in Verbindung gebracht, jedoch strahlen auch Pflanzen und Steine eine Aura aus. Da sie jedoch nach unserem Verständnis (soweit wir wissen!) nicht denken können, hängt deren Aura hauptsächlich von mechanischen Eigenschaften ab und verändert sich deshalb kaum.

Das Wort »Aura« beschreibt nicht nur die Strahlung, die von jedem einzelnen ausgeht, sondern sie kann auch die gesamte Energie, die wir als Gesellschaft produzieren, umschreiben –, und das beinhaltet unseren gesamten Planeten. Alles, was wir machen oder nicht machen, spielt für die Gesamtheit der Aura eine Rolle.

Lebende Organismen – der Mensch eingeschlossen – werden nicht nur vom Licht beeinflußt, sie strahlen auch Licht aus. Die Bioluminiszenz der Bakterien, Glühwürmchen oder Tiefseefische kennt man seit Jahrhunderten.

Neben ihrer physiologischen Wirkung auf den Menschen verursachen die elektromagnetischen Felder der Radios, Fernseher und der Hochspannungsleitungen eine »Cocktailmischung« an Wirkungen, die sowohl die Aura der einzelnen Menschen als auch die Aura der Gesellschaft beeinflussen.

Das menschliche Energiefeld kann als die Ausstrahlung einer Person, die vor allem den Kopf umkreist, aber unter normalen Umständen für das physische menschliche Auge nicht sichtbar ist, definiert werden. Warum umkreist die Aura vor allem den Kopf? Wie wir sehen werden, liegt der Grund darin, daß sich die höheren Zentren im Kopf und in der Halsgegend befinden. Das Energiefeld wird als Lichtwolke beschrieben, die den Menschen umschließt, oder – in geheimnisvolleren Worten – als eine Hülle, deren Gesamtheit durch die Balance zwischen Geist, Körper und Verstand kontrolliert wird. Es gibt noch einen anderen Grund, warum die Aura um den Kopf herum besser sichtbar ist: Bekleidung blockiert die Aura, was es schwieriger macht, sie am Körper zu sehen.

Die Aura selbst besteht aus subtileren und schwereren Elementen. Das Licht um den Kopf eines Heiligen, wie man es oft in Kirchenfenstern liebevoll porträtiert sieht, gilt als eine Aura in ihrer subtilsten Form. Jedoch hat sie auch andere Elemente – weniger subtil und mechanischer –, bestehend aus elektrischen und magnetischen Feldern, die in einigen Fällen bereits mit Instrumenten gemessen werden konnten.

Die konventionelle Meinung der Wissenschaftler besagt, daß der menschliche Körper hauptsächlich eine chemische Maschine mit einer unglaublich komplizierten Formel ist. Buchstäblich Tausende von Chemikalien werden produziert. Jedoch häufen sich in den letzten 200 Jahren und vor allem seit den 30er Jahren unseres Jahrhunderts die Beweise, daß unser Körper nicht nur chemischer Natur ist, sondern auch bedeutende magnetische, elektrische und energetische Elemente besitzt.

Diese Gedanken gehen mindestens bis zum Arzt und Forscher Mesmer in das 19. Jahrhundert zurück. Mesmer berichtete, daß lebende und leblose Objekte mit einer Flüssigkeit aufgeladen werden können und daß ganz allgemein »lebende Materie einen Bereich aufweist, der dafür empfänglich ist, sich nach irdischen oder himmlischen magnetischen Kräften zu richten«. Mesmer vertrat die Ansicht, daß das gesamte Universum mit einer Flüssigkeit gefüllt sei, die weniger wahrnehmbar als Gas sei, in die alle Dinge einsänken, und daß diese Flüssigkeit in ihrer Substanz Schwingungen mit sich bringe.

Nach seiner Theorie durchdringen die Schwingungen dieser Flüssigkeit das ganze Universum und verursachen somit alle physikalischen Phänomene. Mesmer glaubte, daß jeder lebende Körper auf andere Körper einen direkten Einfluß hat, der durch die Schwingungen des Äthers weitergeleitet wird.

Mesmer bestätigte frühere Entdeckungen, daß Magnete heilende Kräften haben. Während dieser Studien entdeckte er, daß von seinen Händen Energie ausging, die er »animalischen Magnetismus« nannte. Er fand heraus, daß die therapeutische Energie seiner Hände dem physikalischen Magnetismus ähnlich war.

Pioniere sind oft Märtyrer. Mesmers Gegner in offiziellen Kreisen waren so stark, daß sogar noch Ärzte und Wissenschaftler der nachfolgenden Jahrzehnte und Jahrhunderte, die der Gesellschaft ähnliche Ideen vorzustellen versuchten, mit alten Vorurteilen konfrontiert wurden, die sich seit dieser Zeit festgesetzt haben, sogar wenn es sich lediglich um Ideen handelte, die zeigen sollten, daß es elektromagnetische Energie gibt, die in Verbindung mit dem Körper steht.

Im 19. Jahrhundert leistete der deutsche Chemiker Baron von Reichenbach (1780–1869) durch die Entdeckung von Paraffin und Kreosot einen wichtigen Beitrag. Aber seine Energie und sein Interesse gehörten den Geheimnissen um Elektrizität und Magnetismus, was dreißig Jahre seines produktiven Lebens ausfüllte. Er stellte eine mit lebenden Menschen in Verbindung stehende Lebenskraft fest, die er »Odin-Kraft« oder kurz »Od« nannte, nach dem nordischen Gott Odin, um den Eindruck der alles durchdringenden Kraft zu vermitteln, die nicht blockiert werden kann und im gesamten Universum fließt.

Um die odische Kraft zu erforschen, suchte er die Hilfe von Medien und Hellsehern. Er beobachtete, daß Od – von Magneten und Menschen ausgehend – in vielen Bereichen gleich ist und daß die Magnetpole nicht nur normale magnetische Polarität besitzen, sondern auch über eine einzigartige Polarität, die mit diesem »odischen Feld« in Verbindung steht, verfügen. Magnete strahlen an den Polen spezielles, helles Licht ab, der Norden wird von weißem Licht umgeben, das in verschiedenen Schichten rot und grün leuchtet und schließlich ins Blau übergeht. Die Mitte des Magnets strahlt in schillerndem Grün, und der Südpol leuchtet in noch grellerem Weiß, das allmählich in Rot übergeht. Diese Energie kann auch um den menschlichen Körper herum beobachtet werden, und besonders rund um die Fingerspitzen. Was ist Elektrizität? Was ist Magnetismus? Wir wissen es noch immer nicht. Die beste Definition wurde von einem etablierten Wissenschaftler gegeben: »Elektrizität ist die Art, wie sich die Natur benimmt.«

Zusätzlich zu den optischen Beobachtungen berichteten Hellseher, daß sich diese Felder oder Auras bei Berührung »heiß, rot und unerfreulich« oder »blau, kalt und erfreulich« anfühlen.

Dr. Wilhelm Reich interessierte sich für eine allgemeine Energie, die er »Orgon« nannte. Seine Studien als Psychiater und Kollege Freuds führte er Anfang des 20. Jahrhunderts durch. Er studierte die Beziehung der Störungen im Energiefluß des menschlichen Körpers zu den verschiedenen Krankheiten. Er identifizierte und löste Energieblockaden und reinigte damit negative geistige und emotionale Zustände.

Zwischen den 30er und 50er Jahren unseres Jahrhunderts experimentierte er mit dieser Energie, dabei standen ihm die neuen elektronischen und medizinischen Instrumente zur Verfügung. Er beobachtete diese Energie, die am Himmel und durch alle organischen und tatsächlich auch leblosen Objekte pulsiert, entwarf eine Anzahl physikalischer Apparate für seine Studien und lernte diese Orgonenergie zu konzentrieren, um damit Objekte aufzuladen.

In den 30er Jahren widmeten sich der Embryologe Burr von der Yale University und sein Kollege Northrup der Untersuchung elektromagnetischer Felder, wie sie um lebende Dinge herum zu beobachten sind. 1935 veröffentlichten sie ihre Arbeit unter dem Titel »Die elektro-dynamische Theorie des Lebens«. Wir können dies selbstverständlich als legitimen – obwohl unsichtbaren – Teil der Aura bezeichnen. Sie verwendeten ein äußerst sensibles Vakuum-Röhren-Voltmeter, mit dem man auf oder in einem lebenden System Messungen bis zu einer Millionstel Volt zwischen zwei Punkten durchführen konnte. Sie fanden an der Oberfläche vieler Organismen ein ständig steigendes elektrisches Potential, das für die spezielle Art charakteristisch ist. Durch das Experiment mit Bäumen fanden sie, daß diese über bioelektrische Felder verfügen, die in ihrer Reaktion nicht nur

auf physiologische Aktivitäten, Lichtintensität und Feuchtigkeit
verschieden reagieren, sondern auch auf Veränderungen in der
atmosphärischen Elektrizität und der Stärke des geomagneti-
schen Feldes in Beziehung auf Gewitter, Sonnenflecken und
Mondphasen.

In einem anderen Experiment mit Frauen maß Dr. Burr die
Spannungsunterschiede zwischen dem Hals und einem entfern-
teren Teil des Körpers – normalerweise dem Knöchel. Er fand
eine vermehrte Spannungsdifferenz, die ungefähr 24 Stunden
anhielt und etwa in der Mitte des weiblichen Zyklus auftrat.

Diesem elektrischen Feld wurde eine Reihe von Namen gegeben:
elektromagnetisches Feld, elektrostatisches Feld, elektrodyna-
misches Feld. Es handelt sich hierbei aber nicht um unterschiedliche Felder. Die Benennungen ergeben sich aus den unterschiedlichen Instrumenten, mit denen man die Felder mißt. Eine
Maschine, die sich mit den statischen Kräften befaßt, definiert
die Felder als elektrostatisch usw. Burr nannte diese Energiefelder an lebenden Organismen »L-Felder« (Lebensfelder oder
Organisationsfelder). Diese Felder geben unserem Körper Informationen über die Art, wie er wachsen soll – und auch wieder
aufhören soll zu wachsen. Sie existieren unabhängig von physikalischer Materie, sind sehr fein und dreidimensional. Sie haben
Stärke und richtungweisende Elemente. Sie gehen über die physischen Grenzen des Objekts hinaus und können daher nicht in
ihrer Ganzheit gemessen werden.

Neben diesen natürlichen Lebensfeldern fand Burr Felder, die
von den Gedanken der Menschen beeinflußt werden. Diese
nannte Burr »T-Felder« (t – für das engl. »thoughts« = Gedanken). Sie können von jedem Menschen z.B. als »Atmosphäre«
eines Raumes bemerkt werden. Unserem Nervensystem ist es
möglich, kleine Spannungsveränderungen festzustellen, und
daher kann es mit anderen Lebewesen in der Umgebung

schwingen. Er entdeckte auch, daß mental instabile Menschen im Spannungsbereich der L-Felder verschiedene unregelmäßige Muster aufweisen und daß es möglich ist, bevorstehende Reaktionen von mental sehr zerrütteten Menschen vorherzusagen.

Das menschliche Nervensystem ist hervorragend geeignet, diese Felder festzustellen. Die Information wird in das Gehirn des Empfängers eingespeist und bildet schließlich das Bündel an sichtbaren Informationen.

Auf einer weiteren Ebene, denkt Burr, handelt es sich bei einem lebenden Muster um eine geordnete Vorlage, und daher muß es Teil eines allgemeinen Musters sein, das das Universum repräsentiert. Es kann nun argumentiert werden, daß es sich bei dem Universum selbst um ein elektrisches Feld handelt und daß es sich bei allem, was in diesem Universum existiert, um einen Teil oder eine Komponente des ganzen Feldes handelt. Dieser Gedanke ist nicht neu. Religionen vertreten ihn schon seit Jahrtausenden. Nehmen wir nur z. B. Jesus' Aussage, daß wir alle Teile eines Ganzen sind. In den letzten Jahrzehnten sind diese Felder als Teile eines Ganzen – lebende Formen – Objekte wissenschaftlicher Untersuchungen und Messungen geworden. Diese lebenden Systeme sind keine unbedeutende Schöpfung, die in dieses Universum gebracht wurde, sondern es handelt sich hierbei um Teile, die in das Muster integriert sind. Kurz gesagt: »Der ganze Körper befindet sich im Geist und der Geist im ganzen Körper.«

Die Untersuchungen der Körperbereiche, die Licht emittieren, wurden fortgesetzt. 1969 verbanden mehrere New Yorker Physiker, Ärzte, Elektronikspezialisten und Biologen ihre Anstrengungen und bildeten die Energie-Forschungs-Gruppe (Dr. Dobrin, Dr. Conway und Dr. Pierrakos). Sie setzten sich zum Ziel herauszufinden, ob es sich bei dem menschlichen Energiefeld um eine physikalische Realität handelt.

Diese Gruppe verwendete modernste wissenschaftliche Instrumente, beobachtete den menschlichen Körper und versuchte, die Beziehung zwischen der beobachteten Strahlung und physischen oder mentalen Krankheiten sowie Gesundheit festzustellen.

Sie positionierten zwei Foto-Vervielfältigungs-Apparate in einer Dunkelkammer. Diese Instrumente entdecken und verstärken geringe Lichtimpulse. Es war beabsichtigt, daß sie auf sichtbares Licht und UV-Licht, nicht aber auf Infrarotlicht reagieren. So würde die natürliche Wärmeausstrahlung des Körpers unberücksichtigt bleiben. Die Testpersonen standen 30 cm von den Geräten entfernt, die auf ihren Unterleib zeigten.

Bei den Testpersonen wurde eine durchschnittliche Lichtemission von 15% über dem »Hintergrundpegel« festgestellt. Dieser niedrige Lichtpegel liegt im Bereich der menschlichen Nachtsicht. Von 90% der Personen bekam man aufzeichenbare Signale. Einige Testpersonen konnten einfach durch ihr Bewußtsein die Lichtemission um 100% erhöhen. Sie gaben an, die Energie aus ihrem Solarplexus, ihren Köpfen oder ihren Händen zu projizieren. Die Temperatur in diesem Dunkelraum war konstant.

Eine weitere bemerkenswerte Entdeckung war, daß das Foto-Vervielfältigungs-Signal von starken Testpersonen auch dann nicht ganz verschwand, wenn sie den Raum bereits verlassen hatten. Das Signal zerfiel erst nach ca. 15–20 Minuten. Dieser »Zeitverschiebungseffekt« wurde auch von anderen Forschern nachgewiesen und hat zu der Schlußfolgerung geführt, daß irgendeine Form von Energie der Person im Raum zurückblieb.

Meditation verstärkte die Intensität der Signale der Testpersonen, während angestrengtes Denken die Intensität des Feldes verringerte. In einem anderen Experiment setzte man eine schwangere Frau auf den Boden der Dunkelkammer, so daß ihr Körper außerhalb der Reichweite des Foto-Vervielfältigungs-Apparates war. Es wurde trotzdem ein starkes Signal aufgezeichnet, so als ob sie ein sichtbares Signal von ihrem Kopf und Körper ausstrahlte oder projizierte. Dieser Effekt unterstützt die Annahme, daß ein strahlendes Feld existiert. In anderen Experimenten war es Testpersonen möglich, ihre Energie in die Dunkelkammer zu projizieren und damit das Signal sichtbar zu vergrößern.

Der umgekehrte Effekt wurde festgestellt, als Testpersonen den Raum betraten und das Signal unter den Hintergrundpegel fiel. Es handelte sich hierbei unter anderen um eine sehr unruhige Testperson, bei der es erschien, als ob sie Energie von ihrer Umgebung abzog. Der subjektive Eindruck der Tester war, daß sie Energie von den Personen, mit denen sie in Kontakt kam, »absaugte«.

Versuche, dieses Signal auf Video zu bannen, zeigten ein dünnes pulsierendes Licht um den Körper herum. Einige hornförmige Strukturen waren in den Bereichen sichtbar, die in der östlichen Literatur als Chakras oder Öffnungen bezeichnet werden, durch die Energie von dem umgebenden Energiemeer in den Körper fließen kann.

Alexander Avschulumow gab die Ansichten vieler anderer wieder, als er in einem bioenergetischen Magazin im Jahre 1993 über die Verwendung dieser enormen und vielfältigen, vom Menschen ausgehenden Informationen schrieb, die zur frühen Problemdiagnose verwendet werden können. Lebende Zellen strahlen im ultravioletten Teil des Spektrums schwaches Licht aus.

Einer der mysteriösesten Aspekte des Lebens wurde vor einiger Zeit während Studien über die Regeneration bei Salamandern entdeckt: Das allgemeine Muster des Körpers ist ebenso ein Teil des Körpers wie eine einzelne Zelle oder ein Organ.

Wenn man einen Vorderfuß des Salamanders amputiert, entwickelt sich zuerst das Keimmaterial (die undifferenzierten Zellen). Dieses entwickelt sich dann zu einem neuen, vollständigen Vorderfuß. Wenn man nun das noch immer undifferenzierte Keimmaterial in einem frühen Entwicklungsstadium in den Bereich des Hinterfußes transplantiert, wird es sich als Hinterfuß weiterentwickeln. Wenn man jedoch ein paar Wochen wartet und es erst dann transplantiert, wird es sich in einen Vorderfuß entwickeln.

Daraus schließt man, daß das frühe Keimmaterial weiß, wo es ist, und das spätere Keimmaterial weiß, wo es war. Jeder Teil des Körpers weiß, wo er sich in Relation zum ganzen Körper befindet. Jetzt können wir dieses Geheimnis rational erklären.

Das Geheimnis um die Körperteile, die im Verhältnis zueinander wissen, wo sie sich befinden und wo sie im Ganzen hingehören, wurde also schon früh in diesem Jahrhundert entdeckt und beschrieben. Seit Dr. Beckers Experimenten können wir es überzeugend nachvollziehen.

Zur Zeit wissen wir, daß es ein elektromagnetisches Feld um unseren Körper herum gibt. Wir wissen, daß sich das elektromagnetische Feld ganz hervorragend für die Speicherung, Übertragung und Verarbeitung von Informationen eignet. Es erscheint offensichtlich, daß das allgemeine elektromagnetische Feld selbst diese Informationen über die Form des Körpers und dessen Muster trägt. Diese Information wird vermutlich als ein Anstieg des Feldes gespeichert.

Dieser elektromagnetische Anstieg aktiviert die DNA im Gewebe wie z.B. die Keimzellen, um ihnen »mitzuteilen«, was sie wissen müssen. Im Falle der Salamander-Regeneration aktiviert es die Gene, die den Keimzellen auf dem Weg ihrer Entwicklung sagen: »Vorderfuß« oder »Hinterfuß«. Dieser Prozeß ist mit ziemlicher Sicherheit auch für die Entwicklung eines Fötus verantwortlich und für die Erhaltung und Heilung von Gewebe.

Ein sehr wichtiger Aspekt der Körperelektrizität, der als selbstverständlich hingenommen wurde, ist die polarisierte Zellmembran. Nicht nur Neuronen, sondern jede Zelle im Körper hat über ihre Membranen eine elektrische Polarisation.

Diese elektrische Polarisation über die Zellmembran scheint sehr gering zu sein, so daß deren elektrischer Aspekt als unbedeutend erachtet wurde.

Tatsächlich beträgt das elektrische Potential 50 Millivolt bei einer Stärke von 50 Ångström-Einheiten. Das ist eine sehr geringe Menge an Elektrizität über eine extrem kurze Distanz. Ångström ist die Einheit der Atomgröße. Hochgerechnet entspricht das elektrische Potential der Zellmembran einer Spannung von hunderttausend Volt pro Zentimeter, was Hochspannung gleichkommt.

Gute handelsübliche Isolatoren wie z.B. Porzellan zerbrechen bei einer Belastung von 70 000 Volt pro Zentimeter. Das bedeutet also, daß die Elektrizität, die unsere Zellen zusammenhält, alles andere als unbedeutend ist. Der Körper ist ein Hochspannungsmechanismus.

Bis jetzt habe ich betont, daß der Körper elektrische Charakteristika, die wir mit unserem alltäglichen Wissen verstehen können, aufweist, z.B. Halbleiter, elektromagnetische Frequenzen der Halbleiter, direkten Strom und Spannungen der Zellmembranen.

Nun, erinnern Sie sich, daß jedes Molekül, jedes Atom selbst ein eigener elektromagnetischer Prozeß ist. Atome sind keine festen Partikel. DNA ist nicht nur eine Kette dieser Partikel, sondern eine Kette umherwirbelnder magnetischer Energien. Dasselbe gilt für Proteine, Kohlenhydrate, Fett und Wasser. Jedes dieser elektromagnetischen Dinge hat seine eigene Frequenz, seinen eigenen pulsierenden Rhythmus. Jedes dieser elektromagnetischen Dinge trägt eine Menge Informationen in seinen elektromagnetischen Feldern und trägt zur Ganzheit Ihres Lebens bei. Jedes ist in einem sehr wörtlichen Sinn ein Teil Ihrer Lebensenergie. Wir sind pure Energie!

Die Struktur der Aura

Die Aura besteht aus verschiedenen Schichten. Ich habe schon extreme Analysen der Aura gesehen und finde diese nicht sehr hilfreich. Direkt außerhalb des physischen Körpers befindet sich die Ätherschicht, wobei es sich um eine Abbildung des Körpers handelt, den sie umschließt. Sie fungiert daher als eine Art Zwischenschicht zwischen Körper und innerer Aura. Hier erscheinen Zeichen körperlicher Gesundheit.

Auf die Ätherschicht folgt die innere Aura, die auf geringste emotionale Veränderungen im menschlichen Organismus sehr sensibel reagiert. Wenn Sie traurig oder glücklich sind oder wenn Sie lachen, verändert sich die innere Aura im Hinblick auf spezielle rhythmische Schwingungen, die Dichte des Feldes oder ihre Farbtönung.

Nach der inneren Aura folgt die äußere Aura. Irgendwie ist sie das genaue Gegenteil der inneren Aura. Sie reagiert nicht auf emotionale Veränderungen. Es bedarf großer mentaler Anstrengungen, die äußere Aura zu erweitern, in den Raum anschwellen zu lassen.

Wie schon weiter oben erwähnt, verändert sich die Form der Aura mit der mentalen und körperlichen Gesundheit. Zwei russische Wissenschafter – der Ingenieur und Erfinder Kravchenko und der Arzt Kalashenko – entwickelten ein einzigartiges Instrument, das sie »Phasen-Aurometer« nannten. Es handelt sich dabei um ein sehr empfindliches Gerät, das die elektromagnetische Strahlung eines jeden (auch biologischen) Objektes mißt. Verschiedene pathologische Befunde wurden durch unterschiedliche Intensität des magnetischen Feldes dargestellt. Die Form der Strahlung gab Aufschluß über den Gesundheitszustand der Person.

Chakras werden sowohl von vorne als auch von hinten gemessen. Die gemessenen Frequenzen reichten von der thermischen Mikrowelle über die Hochfrequenz bis zu den infraroten und optischen Bereichen, jedoch nicht in den 10- bis 100.000-kHz-Bereich. Der menschliche Körper sendet, ähnlich einem Radiosender, auf bestimmten Frequenzen. Das also bildet die Basis für sogenannte Gedankenübertragungen und telepathische Kommunikation. Wegen der Umweltverschmutzung ist es zwar sehr schwer, diese angeborenen Fähigkeiten anzuwenden, jedoch keineswegs unmöglich!

Der Glaube an die Aura ist nicht länger dem Bereich des Aberglaubens zuzuweisen. Er gehört allmählich in den Bereich der Wissenschaft, und die Anzahl der Beweise und deren Qualität nehmen immer mehr zu.

2.

Die Aura und ihre Funktionen

Die Aura ist die vitale, lebendige Schnittstelle zwischen unserem Körper und der menschlichen Umwelt. Sie haben sicherlich schon einmal die Erfahrung gemacht, daß der Kellner in einem Restaurant Sie während einer persönlichen Depression ignoriert hat. Das geschah, weil sich Ihre Aura zurückgezogen hatte. Jeder von uns – egal ob er es zugibt oder nicht – kann die Aura fühlen. Die Terminologie »gute Schwingungen« wird immer öfter verwendet und zeigt uns das steigende Bewußtsein für diese feinen Dinge.

Wir fühlen es ganz genau, wenn wir uns an einem bestimmten Platz oder in der Umgebung bestimmter Leute unwohl fühlen. Gedanken drücken der physischen Umgebung ihren Stempel auf und schaffen eine Atmosphäre, die nur wenigen verborgen bleibt.

Moderne, technologisch denkende Menschen glauben nicht an die Existenz einer Aura. Dennoch, wenn wir intelligent sein wollen, müssen wir alle Aspekte unserer Existenz in Betracht ziehen. Neben den mystischen und religiösen Lehren zeigt uns auch die Naturwissenschaft, daß eine andere Ebene der Existenz als nur die materiell-greifbare in Betracht gezogen werden muß.

Die Aura ist die Verbindung zwischen uns, unserem Körper, dem Geist und dem Universum. Die Aura hat viele Funktionen, zwei der wichtigsten sind: Sie ist eine **Schutzhülle** und ein **Informationsträger** für unsere physischen, mentalen und psychologischen Zustände. Jedes Lebewesen besitzt eine Aura, deren Informationen 24 Stunden am Tag gesendet werden. Wir haben auch erkannt, daß jede Strahlung alle Informationen über die Quelle, aus der sie stammt, mit sich trägt. Das gilt auch für die Aura, die

wir nicht über den Willen beeinflussen können. Sie enthüllt für
den, der sie »lesen« kann, den Stand unserer ganzheitlichen Entwicklung.

Die Teile der Aura und die verschiedenen Körper

Es kann vielleicht etwas verwirrend sein, wenn man über die
verschiedenen Aspekte unserer Existenz als »Körper« spricht.
Nur der physische Körper verfügt über eine klar definierte Form
und Dichte. Alle anderen subtileren Körper haben Formen, aber
keine grobstoffliche Substanz. Man kann durch sie »hindurch-
greifen«. Der kosmische Körper – ausgedrückt als Bewußtsein
des Individuums, der Gruppe oder der Kultur – hat keinen festen
Platz und keine feste Form. Er ist überall gleichzeitig.

Die Aura kann als *Körper* beobachtet werden. Sie hat keine
eigenen »Ansichten«. Sie spiegelt einfach wider und berichtet,
was im Menschen auf den Ebenen von Körper, Geist und Seele
vor sich geht. Sie bildet eine Kombination von Schwingungen,
die zur Beobachtung und Analyse in ihren Elementen unter-
schieden werden können.

Stellen Sie sich vor, daß ein Motiv mehrfach aufgenommen
würde: einmal als normales optisches Bild, ein andermal mit einer
Infrarotkamera, dann wieder mit einer Niederfrequenzkamera
und so fort. Wenn man alle so entstandenen Dias übereinander-
legt, kommt man zu einem ganzheitlichen Ergebnis und einem
recht umfassenden, wenn auch ungewohnten Bild des Menschen.

Betrachten wir nun die verschiedenen Körper.

Der physische Körper

Der erste Körper ist der physische Körper. Hierbei handelt es sich
aus spiritueller Sicht um den niedrigsten Aspekt des Lebens, den

gröbsten Ausdruck unseres Geistes. Materiell gesehen ist er das
Mittel, das uns unser Überleben auf diesem Planeten sichert.
Wir sehen in seinen Teilen eine Spiegelung unserer inneren
Bewußtseinsebenen. Wir werden später darauf eingehen, wie
der physische Körper in Beziehung zu den Chakras steht. Für
den Moment genügt es, wenn wir den physischen Körper als
den »Körper-Tempel« betrachten, der in verschiedene Teile ge-
teilt ist.

Der äußere Hof des Tempels beherbergt die Organe der Assimilation und der Fortpflanzung. Das Zwerchfell steht als Schleier
zwischen den höheren und niedrigeren Ebenen des Bewußtseins.
Die Brusthöhle symbolisiert den inneren Hof des Tempels und
beinhaltet die Organe Herz und Lunge, deren Funktion es ist, die
Lebenskraft zirkulieren zu lassen. Über die »Brücke« des Halses
gelangt man zum Allerheiligsten, dem Ort des Geistes. Hier liegen die Organe der spirituellen Wahrnehmung, die Hypophyse
und die Zirbeldrüse. Jedes physische Organ ist ein Symbol für
höhere und komplexere spirituelle Wahrheiten.

Der Ätherkörper

Der Ätherkörper liegt zwischen dem mentalen Körper und dem
physischen Körper. Es handelt sich hierbei um einen vermitteln-
den, vitalisierenden Körper. Der Ätherkörper ist sozusagen das
Fundament, auf dem der physische Rahmen aufgebaut wird. Der
ätherische Körper hat drei Grundfunktionen, die alle eng miteinander verbunden sind. Er wirkt als Empfänger, Assimilator
und Sender des Prana.

   Prana ist die universelle Lebenskraft, die alle Lebensformen
im Reich der Natur durchdringt. Diese Energie, die von der
Sonne herströmt, wird vom ätherischen Körper durch eine Anzahl kleiner Kraftzentren absorbiert und zur Milz weitergeleitet,
wo die Lebensessenz der Sonne aufgenommen und umgewan-

delt wird. Von dort zirkuliert sie dann, um den physischen Körper zu vitalisieren.

Der Ätherkörper des Menschen kann in bezug auf Sonnenstrahlung als empfänglich bzw. negativ und in bezug auf den physischen Körper als weitergebend bzw. positiv bezeichnet werden.

Der Ätherkörper ist das Feld, in dem sich die spirituelle und die physische Welt treffen. Er verstärkt die »Gesundheits-Aura« – ein schmales Energieband um unseren Körper herum. Die Wechselwirkung der Energien unterstützt und baut die Drüsen sowie das Nervensystem auf, verteilt Prana und gibt der physischen Form Energie.

Dieser Körper wird oft als der »ätherische Doppelgänger« bezeichnet, da seine Form dem physischen Körper ähnelt. Er durchdringt jede Zelle, jedes Molekül und jedes Atom des physischen Körpers. Die fünf Sinne funktionieren durch den Ätherkörper und ermöglichen uns, in Zeit und Raum zu existieren.

Für den Hellseher ist er als feines Netzwerk von Energieströmen sichtbar. Jene, die mit der Arbeit von Carlos Castaneda vertraut sind, wissen, daß er als »Lichtfasern, die wie leuchtende Spinnweben aussehen, die in alle Richtungen gehen und den Menschen mit allen Dingen in Berührung bringen«, beschrieben wird.

Diese vielen Energiefasern – die Inder nennen sie »Nadis«– bilden das archetypische Muster oder den Rahmen, auf dem der physische Körper aufgebaut wird. Wir können dies als die Belebung des physischen Körpers – Wasser, Erde, Feuer und Luft – mit seinem feinen Gegenstück Äther sehen.

Der Emotionalkörper

Dieser subtile Körper ist die Bühne, auf der die Wechselwirkungen der emotionalen Energien stattfinden. Dank seiner funkelnden Erscheinung (vorausgesetzt, diese wird nicht durch negative Emotionen verdunkelt) wird er manchmal auch als Astralkörper bezeichnet. Hier – in unserem persönlichen System von Himmel und Hölle – erfahren wir die Zugkraft verschiedener Emotionen. Das Symbol des emotionalen Körpers ist das Wasser. Genauso, wie Sie den Grund eines bewegten Sees nicht sehen können, so ist es auch unmöglich, Traurigkeit zu erlangen, wenn sich Ihr emotionaler Körper in Ruhe befindet.

Dieser Körper ist für den Hellseher in Form von ineinander übergehenden Farben sichtbar. Von diesem Körper aus sind außerkörperliche Erfahrungen möglich. Diese können bei großem Streß, während einer Narkose oder während des Sterbens auftreten.

Der Mentalkörper

Es gibt zwei Hauptbereiche, in die sich der Mentalkörper unterteilen läßt. Es gibt einerseits das logische Prinzip und andererseits den gesunden Menschenverstand. Das ist ein Reservoir von erlerntem und erworbenem Wissen, kombiniert mit der Fähigkeit zu unterscheiden.

Negative und eingefahrene Denkmuster verschmutzen den Astralkörper, was zu einem trennenden Denken führen kann. Zu stark mentale Personen können Licht und Wahrheit sehr effizient blockieren! Negative Gedanken wie Haß, Vorurteile, Egoismus und Neid verursachen Bewußtseinsformen, die sich im unteren Teil der Aura in großen und stumpfen Farben manifestieren.

Laut Hellsehern bilden Menschen, die von trägen Gedanken in Anspruch genommen werden, ein ovales Feld, vergleichbar mit der Form einer Birne, die einen größeren Teil am unteren Ende aufweist. Klare Gedanken produzieren die umgekehrte Form.

Der zweite Hauptbereich des Mentalkörpers ist der höhere Geist, der spirituelle Wahrheiten und göttliche Liebe reflektiert. Hier wohnen der reine Verstand und die intuitiven Fähigkeiten. Höhere Gedanken fließen zum oberen Teil der Aura und werden als klare, helle, leuchtende Farben gesehen.

Was ist eine »integrierte« Person?

Hat menschliche Integration irgendeine Verbindung zur Aura? Etwas zu »integrieren« bedeutet hier die Vervollkommnung eines in sich unfertigen oder nicht perfekten Dings, indem man Teile oder Kombinationen dieser Teile zu einem Ganzen verbindet. Es kommt vom Lateinischen »integrare« – etwas ganz machen.

Unsere linke Gehirnhälfte ist mit dem logischen Denken, der Vernunft, dem Schutz unseres Territoriums, der Berechnung und des Intellekts im allgemeinen beschäftigt. Die rechte Gehirnhälfte hat mit abstrakteren Funktionen, wie z.B. Intuition, Gefühl und Emotionen, zu tun. Die westliche Welt ist von der linken Gehirnhälfte dominiert. Unsere Götter heißen Besitztum, Erwerb und Materialismus. Diese zerstören unsere intuitiven, transzendenten und ganzheitlichen Funktionen.

Zusätzlich kann man unser Gehirn in drei Funktionstypen unterteilen. Das »Reptiliengehirn«, der älteste, primitivste Teil, hat mit dem eigenen Territorium, den Aggressionen und der Selbstverteidigung zu tun. Der »limbische Teil« ist mit Emotionen, Gefühlen beschäftigt, und der entwicklungsgeschichtlich jüngste Teil, der Neo-Kortex, steht mit höheren Funktionen wie z.B. Altruismus in Verbindung.

Dieses dreigeteilte Gehirn steht mit der rechten und der linken Hemisphäre in Beziehung. Der Neo-Kortex ist mit den höheren Chakras verbunden, der limbische Teil hat sein Zentrum rund um das Herz, und das instinktive, territoriale Reptiliengehirn liegt um das Chakra der Basis.

Was passiert, wenn es eine integrierte Aura gibt?

Eine integrierte Aura ist der vollständigste Ausdruck eines Individuums und verleiht uns eine »Schicht« oder einen »Handschuh« voller Licht um unseren Körper herum. Welche praktischen Folgen hat das? Unsere »Ganzheit« oder »Integration« manifestiert sich in der vollständigen Aura. Stellen Sie sich einen Handschuh aus Licht vor, der keine Löcher oder Risse aufweist – das ist eine Aura in bestmöglicher Qualität.

Der Vorteil ist, daß Disharmonien von außen Sie in diesem Zustand nicht erreichen können. Grobe Gedanken können das Material der Aura nicht durchdringen. Erinnern Sie sich an Ihre erste Liebe: Alles war wunderbar, glänzend, positiv. Ihre Füße berührten kaum den Boden. In diesem Fall, unter dem starken Einfluß der Liebe, war die Aura, wenn auch vielleicht nur vorübergehend, völlig intakt. Andere im Raum haben sich vielleicht gestritten, aber Sie waren davon nicht betroffen. Deshalb sind Glück und Freude so wichtig.

Falls Sie jedoch in einer schlechten Verfassung sind, leiden Sie sehr wohl unter den Unstimmigkeiten der anderen Personen und werden davon negativ berührt, denn Ihre Aura weist dann Löcher oder Risse auf, wodurch andere Schwingungen leichten Zutritt finden.

Die Funktion der Aura zur Übermittlung von Informationen

Die Existenz von Telepathie, also der Gedankenübertragung von einer Person zur anderen, wurde von vielen Forschern definitiv festgestellt – unter anderem von Dr. J. B. Rhine an der Duke University.

Die Entfernung zwischen dem Übermittler und dem Empfänger spielt dabei keine Rolle. Sie können ein Experiment mit zwei Menschen, die Tausende Meilen voneinander entfernt sind, durchführen und genauso erfolgreich sein, wie wenn sich diese Personen in angrenzenden Räumen befinden. Man kann nur vermuten, wie das funktioniert.

Der Psychologie-Professor Vasiliev an der Leningrader Universität hat das gleiche festgestellt, nämlich, daß Gedanken jede Entfernung und jedes Hindernis überwinden. Weder Betonwände noch Bleikammern oder Faradaysche Käfige ändern etwas daran. Er zeigte in einer Reihe von Experimenten, daß eine energetische Verbindung zwischen zwei Personen, deren Augen verbunden waren und die eine ziemliche Strecke voneinander entfernt waren, existierte. Er zeigte, daß ein Gedanke, von einer Person gefaßt, im Gehirn der anderen Person Wirkungen hervorrief. Daraus läßt sich folgern, daß sich Gedanken wie ein Feld verhalten.

In der Physik gibt es den entsprechenden Effekt, nämlich die Wirkung, die ein großer Magnet auf eisenhaltige Materialien hat, auch wenn sich diese in einiger Entfernung befinden. Felder breiten ihre Schwingungen über eine gewisse Distanz aus. Diesem Effekt verdanken wir Rundfunk und Telekommunikation, wo ein Schaltkreis darauf eingestellt ist, mit einem anderen zu schwingen. Veränderungen des einen Kreises werden in Veränderungen des anderen Kreises reflektiert, so erfolgt die Übermittlung von Informationen.

Dabei handelt es sich um dieselben Felder, von denen Harold
Saxon Burr als T-Felder (Thought = Gedanken-Felder) gesprochen hat. Es scheint auch, daß es ihnen möglich ist, sich an
jedes Material – egal welcher Form oder Größe – anzubinden.

Das kann man zum Beispiel anhand der Wirkung von Verflu-
chungen oder Segnungen diverser Objekte beweisen, und durch
die Beobachtung der Auswirkungen, die eine fürchterliche
Tragödie auf die Atmosphäre eines Gebäudes haben kann. Die
Größe eines Objektes ist dabei unwichtig – es kann sich um
einen Ehering oder ein sechsstöckiges Gebäude handeln. Diese
merkwürdigen und einzigartigen, zeitlosen Felder sind von der
Materie unabhängig und reisen ohne Abschwächung durch den
Raum.

Nicht nur Menschen, sondern auch Plätze oder sogar Objekte
können eine gute oder schlechte Aura haben. Ich erinnere mich
an einen Freund, der in einem Secondhandshop einen Ring
kaufte. Nach einiger Zeit bemerkte er einen Knoten an seinem
Körper. Er ging zum Arzt, der ein frühes Krebsstadium diagno-
stizierte. Durch Zufall ging er auch zu einer medial veranlagten
Ärztin, die ihn ansah und fragte: »Warum tragen Sie diesen
Ring?« Er brachte den Ring in den Laden zurück. Als er dem
Verkäufer die Geschichte erzählte, lachte dieser: »Sie sind schon
die dritte Person, die diesen Ring zurückbringt. Keiner kann ihn
tragen.« Er stammte aus der Hinterlassenschaft einer Frau, die
an Krebs gestorben war.

Die Schwingungen, die von einem Objekt ausgehen, wurden
in der alten Kunst der Psychometrie verwendet. Wenn sich
schon Objekte an Dinge »erinnern«, mit denen sie konfrontiert
wurden, um wieviel mehr kann sich dann die Aura »merken«.

3.

Wie man die Aura sehen kann

Wir alle haben Fähigkeiten und Anlagen, die man auf Wunsch
entwickeln kann. Viele Fähigkeiten, die von sogenannten primitiven Völkern beherrscht wurden, sind im technologischen Zeit-
alter verlorengegangen.

Die Aura, oder zumindest ein Teil davon, kann mit Hilfe von
Instrumenten (wie in der Kirlian-Fotografie) oder mit Hilfe
lichtverstärkender Apparate wie z.B. dem Foto-Vervielfälti-
gungs-Apparat, oder mit dem menschlichen Auge mit oder ohne
Hilfsmittel sichtbar (gemacht) werden.

In letzter Zeit wurden die Phänomene des Lichts und der Bioluminiszenz mehr durch Zufall entdeckt, quasi als Nebenpro-
dukt anderer Forschungen. Ein Pionier im Bereich der Erfor-
schung feiner Energien war der deutsche Physiker Wilhelm
Konrad Röntgen. Er leistete bei den »Strahlen von unbekannter
Herkunft«, die er »X-Strahlen« nannte, Pionierarbeit und entdeckte, daß diese über die kürzeste Frequenz im elektromagnetischen Spektrum verfügen.

Wie wir alle wissen, wurden die »X-Strahlen« – uns besser
bekannt als Röntgenstrahlen – zu einer allgemein akzeptierten
Diagnosemethode der Medizin. Röntgenstrahlen haben eine Form
von Energie, welche Muskelgewebe durchdringen kann, und können »Hindernisse« wie Knochen, die den Weg dieser Energiestrah-
len kreuzen, auf entsprechenden Filmen abbilden.

Ein Kollege von Röntgen war Walter Kilner, ein medizinischer
Elektrotechniker und Mitglied der Königlichen Chirurgen-Verei-
nigung in London, der von der Existenz der menschlichen Aura
überzeugt war. Nach vier Jahren wissenschaftlicher Arbeit
schrieb er in seinem Buch »Die menschliche Aura«: »Es gibt

nicht den geringsten Zweifel an der Realität und Existenz der Aura, die den Menschen umschließt. Das wird in Kürze eine allgemein anerkannte Tatsache sein.«

Er spekulierte, daß »magnetische Strahlung« von medial veranlagten Personen leichter zu entdecken sei, da diese Strahlung zu den ultravioletten Frequenzen gehört, die sich am äußersten Ende des sichtbaren Spektrums befinden. Das sichtbare Licht umfaßt nur einen kleinen Teil des gesamten elektromagnetischen Wellenspektrums, dessen Stärke von den sehr langen Wellen direkter Elektrizitätsspannung bis zu den extrem kurzen Gammastrahlen reicht. Die Wellenlänge des Lichts liegt dazwischen und reicht von 360 bis 780 Nanometer.

Kilner entwickelte die sogenannten Aura-Brillen, die das Auge mit dickem Glas umschließen, das aus verschieden geschichteten Linsen mit Dicyanin-Tönung besteht. Er trainierte Testpersonen, auf ein Objekt vor einem grauen Hintergrund zu starren.

Laut Kilner (der selbst wahrscheinlich medial veranlagt war) wurde eine Strahlungswolke sichtbar, die sich bis ca. 20–25 cm vom Körper entfernt ausdehnte und bestimmte Farben aufwies.

Müdigkeit, Krankheit oder Stimmung konnten Größe und Farbe verändern; diese Strahlung wurde auch von Magnetismus, Hypnose und Elektrizität beeinflußt. Kilner entdeckte, daß manche Testpersonen die Farbe durch ihren Willen verändern konnten.

Wie fühlen wir diese subtilen Energien?

Beginnen wir mit den Menschen. Jeder tendiert dazu, einen seiner Sinne bevorzugt zu benutzen. Sehen, Hören und Berühren sind die beliebtesten Sinne. Parapsychologische Informationen erhalten Sie meistens in der für Sie am leichtesten verständlichen Form. Über jenen Sinn also, den Sie am meisten benutzen und mit dem Sie am besten zurechtkommen, werden Ihnen die Informationen vermittelt.

Wenn Sie eine visuelle Person sind, erhalten sie meistens Bilder. Wenn Sie leichter durch Zuhören lernen, werden Sie Stimmen oder Wörter hören, die Ihnen die Information mitteilen. Lernen Sie besser durch Berührung, werden Sie sich selbst gefühlsmäßig in eine Situation begeben, in der Sie durch Verwendung ihres Nervensystems entsprechende Informationen erhalten. Oder Sie sind eine sehr intuitive Person, welche die Informationen auf keine spezielle Art erhält: Sie erfassen die Information ganz einfach unmittelbar oder fühlen auf der emotionalen Ebene, daß etwas Bestimmtes richtig ist.

Egal, welche Stärken oder Vorlieben Sie haben, seien Sie für jede Form des Erhalts von Informationen offen; es kann sogar sein, daß Sie auf alle diese Arten Informationen bekommen. Wenn alle psychischen Sinne so weit wie möglich offen sind, kann paranormale Information am besten übermittelt werden.

Manchen ist es von Natur aus möglich, die Aura zu sehen. Der große Seher Edgar Cayce schrieb in seinem Buch über Auras: »Seit ich mich erinnern kann, sah ich Farben in Verbindung mit Menschen. Ich kann mich an keine Zeit erinnern, zu der Menschen auf meiner Netzhaut nicht mit Blau und Rot oder Grün, das sanft von ihren Köpfen oder Schultern strömte, registriert wurden. Es dauerte sehr lange, bis ich feststellte, daß andere Menschen diese Farben nicht sahen und ich das Wort Aura zum erstenmal hörte bzw. es mit diesem Phänomen in Verbindung brachte. Für mich war es etwas Selbstverständliches. Ich denke nie an Menschen, ohne auch an ihre Aura zu denken. Ich sehe im Laufe der Zeit in meinen Freunden und geliebten Menschen Veränderungen vorgehen – Krankheit, Niedergeschlagenheit, Liebe, Erfüllung. Das alles wird in der Aura reflektiert, für mich ist die Aura der Wetterhahn der Seele. Sie zeigt mir, woher der Wind des Schicksals weht.«

Kinder sehen die Aura manchmal als flüssiges, mehrfarbiges
Feld, das in Verbindung zur Stimmung der Menschen steht. Das
Sehen von Farben oder telepathische Fähigkeiten scheinen
Talente zu sein, die Kinder ab dem Alter von etwa sechs Jahren
verlieren. Es ist wichtig, daß Eltern ihre Kinder dazu ermutigen,
Träume und Erfahrungen mitzuteilen, und diese nicht ins
Lächerliche ziehen oder sie verspotten.

Das gibt uns nun auch Aufschluß über den Zustand, in dem
man sich befinden sollte, um die Aura zu sehen. Die Unschuld
und Ungehemmtheit von Kindern ist äußerst wichtig. Sie kann
nicht erzwungen werden. Wer weiß, vielleicht sind Sie noch
nicht soweit, die Aura zu sehen. Falls Sie Zweifel haben, lassen
Sie es! Hätten Sie die Fähigkeit, all das Gute und Schlechte um
uns herum und in den Mitmenschen zu sehen, wäre das mit
Sicherheit eine ziemliche Belastung.

Der prähistorische Mensch verfügte über diese unkomplizierte
Sensibilität und war vom Sehen oder Erfühlen der Aura abhängig. Für ihn bedeutete es Überleben, also das dominante Thema,
das sein Leben erfüllte. Es war wichtig für ihn zu wissen, was
um ihn herum passierte, nicht nur in seiner unmittelbaren
Umgebung, sondern auch in einiger Entfernung. Dies geschah
durch eine Art ausstrahlender Energie, die er verwendete, um
die Anwesenheit von Wild zu bestimmen oder um das Versteck
eines räuberischen Menschen festzustellen, der darauf wartete,
ihn anzugreifen. Er lebte in einer sauberen Umwelt, in der es
allen Lebensformen – Menschen, Tieren und der Vegetation –
möglich war, durch gegenseitigen Energieaustausch zu interagieren.

Der Mensch hat die einzigartige Fähigkeit, dem Vorgang der
Energie-Erfassung über eine gewisse Entfernung hinweg noch
den Denkprozeß hinzuzufügen. Dadurch kam der Mensch in
eine beherrschende Position und lernte, die Aura-Felder für seinen eigenen Vorteil zu erspüren und zu entschlüsseln. Tiere

machen dasselbe, nur sind ihre Möglichkeiten aufgrund ihrer geringeren bewußten Intelligenz begrenzt.

Zuerst ist es notwendig, in einem Raum etwas Licht zu haben, um die Aura ohne Hilfsmittel zu sehen. In einem völlig dunklen Zimmer ist die Aura nicht sichtbar.

Der »Apparat« des menschlichen Körpers ist viel feiner und vielschichtiger, als wir annehmen. Es kann gut möglich sein, daß unser Auge besser darauf eingerichtet ist, UV-Licht zu sehen, als wir annehmen. Der Sehmechanismus in unserem Auge umfaßt die Stäbchen der Netzhaut (etwa 18 Millionen) und die Zäpfchen (etwa 3 Millionen). Sie sind darauf eingestellt, verschiedene Wellenlängen von Licht aufzunehmen. Die Zäpfchen sehen das sichtbare Licht. Die Stäbchen können Farben nicht erkennen – alles erscheint graublau. Stäbchen werden von Rotlicht oder von Licht mit langen Wellenlängen nicht beeinflußt, sie werden aber von UV-Licht stimuliert.

Zusätzlich gibt es die Zirbeldrüse, die sich als das »Dritte Auge« ausdrückt, die einen zusätzlichen Einfluß haben kann. Diese Drüse ist laut vielen Philosophen der Sitz der Seele und fungiert als Verbindung zwischen den sichtbaren und unsichtbaren Welten. Sie ermöglicht uns, das Leben in klarer Perspektive zu sehen, und erhält uns Hoffnung, Glaube und Gleichgewicht in einer verwirrenden und sich ständig verändernden Welt. Sie läßt uns die inneren Qualitäten anderer sehen. Descartes sagte: »Im Menschen berühren sich die Seele und der Körper in nur einem einzigen Punkt – der Zirbeldrüse.«

Gebet und Meditation sollen einen weckenden Einfluß auf die intuitive Wahrnehmung haben. Diese Drüse wurde mit einer alchemistischen Retorte verglichen, die ihre spirituellen Essenzen in den Körper des Menschen freigibt, wenn der wertlose Teil seiner Persönlichkeit verbrannt ist. Er wird langsam, aber sicher in einen Träger des Lichts umgewandelt. Es ist nicht möglich, das Dritte Auge so zu öffnen, wie wir es mit unseren normalen

Augen tun. Der Schock wäre zu groß, und man würde großen
Schaden anrichten (außer mit Hilfe und Führung eines kompe-
tenten Meditationsmeisters; siehe »Das Buch der Meister« in derselben ECON-Buchreihe; Anm. d. Hrsg.).

Wie sehe ich?

Es gibt mehr als nur eine Art des »Sehens«.

*Eine Methode verwendet die ganze Kapazität des nackten
Auges.* Das Auge ohne Hilfsmittel sieht die Farben des Spek-
trums. In außergewöhnlichen Umständen kann das bis an die
Grenzen des Infrarot- und des UV-Lichts ausgeweitet werden.

*Bei der zweiten Art arbeitet man mit dem Dritten Auge oder der
Zirbeldrüse.* Es wäre sehr ungewöhnlich, wenn Sie alle Farben,
die in diesem Buch beschrieben werden, sehen könnten. Es ist
wahrscheinlicher, daß Sie diese oder zumindest manche darunter
fühlen oder spüren. Für eine entwickelte Persönlichkeit ist jedoch
manchmal die ganze Palette sichtbar. Das verändert sich aber mit
einem Wechsel des Gesundheitszustands und der Stimmung.

*Die dritte Methode – bei Kritikern des parapsychologischen
Phänomens sehr beliebt – ist die innere Projektion.* Typischer-
weise in einem Stadium der Entspannung, zeigt das innere Auge
ein Objekt, das objektive Realität zu haben scheint, jedoch in
Wirklichkeit nur im Gehirn vorhanden ist.

Methoden zur Entwicklung des Aura-Sehens

Das Wichtigste ist eine positive Einstellung. Nur, weil Sie noch
nie eine Aura gesehen haben, heißt das nicht, daß es Ihnen
unmöglich ist, sie zu sehen. Bereits der Impuls, das einmal zu
versuchen, kann schon bewirken, daß Sie nun dafür bereit sind.
Dieses Phänomen kann für manche Menschen plötzlich auftreten, für andere ist es ein allmählicher Prozeß.

Erzwingen Sie nichts. Wenn Sie sich zu sehr anstrengen, werden Sie automatisch auf den fokussierten Blick umschalten. Die Augenmuskulatur wird ermüden, und Sie sehen eine falsche Aura, die aus einer groben, dichten und nicht aus einer transparenten, lichtdurchlässigen Farbe wie die echte Aura besteht. Es wird die gegensätzliche oder eine komplementäre Farbe der Kleidung sein; wenn z.B. eine Person ein rotes Hemd trägt, bildet sich eine falsche grüne Aura, ein violettes Hemd wird eine falsche gelbe Aura zeigen usw.

Die meisten Menschen, die mit dem Autor über ihre Erfahrungen beim Sehen der Aura sprachen, berichteten darüber, daß sie die Aura dann wahrnahmen, wenn sie es am wenigsten erwartet hatten. Es kann sich dabei um eine Form rund um einen sterbenden Patienten herum gehandelt haben oder um das Erkennen eines »Doppelgängers«, wenn sich jemand in einer gefährlichen oder dramatischen Situation befand. Es wird in diesem Fall keine Vorwarnung gegeben.

Versuchen Sie dieses einfache Experiment

Wenn Sie entspannt sind, suchen Sie sich einen Raum mit einer Wandfarbe, die Sie nicht ablenkt. Grau, Weiß oder dunkle Farben wie z.B. Braun sind gut. Es sollten sich keine Gegenstände in Ihrem Sichtbereich befinden. Stellen Sie sich vor die Wand, ohne grelles Sonnenlicht, und halten Sie Ihre Hände vor sich, etwa 25 cm voneinander entfernt.

Es kann sein, daß Sie Spuren rauchähnlicher Energie sehen, die aus Ihren Fingerspitzen kommt. Versuchen Sie das etwa eine Minute lang. Sie müssen sehr geduldig sein, denn laut Walter Kilner – einem Pionier der Aura-Beobachtung – sind es die Stäbchen der Netzhaut, die für das Sehen der Aura zuständig sind, und diese arbeiten langsamer als die Zäpfchen.

Falls gar nichts passiert, machen Sie sich keine Sorgen. Entspannen Sie sich, und versuchen Sie es noch einmal. Lassen Sie die Dinge laufen, ohne etwas erzwingen zu wollen.

Sie können das auch im Freien versuchen. Heben Sie Ihre Hand, und studieren Sie diese vor dem Hintergrund des Himmels. Legen Sie sich auf den Boden, und beobachten Sie Ihre Füße. Achten Sie jedoch darauf, daß Sie die nackte Haut beobachten.

Wie sieht man die Aura einer anderen Person?

Für die nächste Übung benötigt man eine zweite Person. Bitten Sie einen Freund, sich etwa fünf Meter vor Ihnen aufzustellen. Beachten Sie wiederum, daß das Licht im Raum nicht zu grell sein sollte und daß das Sonnenlicht nicht in Ihrem Blickwinkel liegt.

Es ist sehr wichtig, nicht direkt auf die Person zu blicken. Schauen Sie sie nur kurz an, und dann lenken Sie Ihren Blick an deren Seite oder dahinter.

Falls Sie die Befürchtung haben, daß sich Ihr Freund langweilt, teilen Sie diese Erfahrung mit ihm. Sie sollten sich auf keinen Fall dumm oder als Versager oder vielleicht als beides fühlen.

Diese Experimente sind am Abend erfolgreicher, denn man ist müde, entspannt und ein bißchen verträumt. Das sind die idealen Bedingungen.

Nun gibt es noch eine wichtige Frage: Sollte die Versuchsperson bekleidet sein? Jede Farbe – sogar Weiß – hat auf die Aura einen Effekt und überflutet diese mit Farbe. Sogar neutralfarbige Kleidung verdunkelt die Aura und erschwert deren Sichtbarkeit. Das Experiment ist aber im Alltag ohne Bekleidung praktisch nicht durchführbar. Konzentrieren Sie sich deshalb auf die Umrisse der Person. Schauen Sie diese nicht direkt an.

Musik hat einen großen Einfluß auf die Aura. Bitten Sie Ihren Freund, eine Lieblingsmusik über Kopfhörer zu hören. Das wird die Aura energetisieren. Machen Sie dann den gegenteiligen Versuch mit einer Musik, die Sie beide nicht ausstehen können, und beobachten Sie den Unterschied in der Aura.

Dokumentieren Sie Ihre Erlebnisse und Erfahrungen

Man kann nicht genug betonen, wie wichtig es ist, jede Beobachtung niederzuschreiben. Zum Zeitpunkt der Beobachtung ist alles so klar, und man kann sich nicht vorstellen, all das jemals zu vergessen. Aber genau das passiert! Ein Experiment folgt auf das andere, und die Details der früheren Versuche werden vergessen, und nun ärgert man sich, keine Aufzeichnungen geführt zu haben. Ein normaler Tag kann ohne Vorwarnung zu einem besonderen Tag werden. Für allgemeine Aufzeichnungen ist ein Notizheft geeignet, besser wäre jedoch ein Kassettenrekorder. Zeichnen Sie damit auf, während Sie arbeiten.

Diese Aufzeichnungen sind noch aus einem anderen Grund wichtig. Das Gedächtnis neigt dazu, Phänomene, die es nicht versteht, zu vergessen. Die wichtigsten Phänomene sind solche, die sich nicht kategorisieren lassen, die Widersprüche, die Anomalien. Des weiteren sollten Sie Gedanken, Eindrücke, Symbole oder sogar Gerüche, die Sie bemerken, festhalten. Sie werden sich aller Wahrscheinlichkeit nach später in ein Muster einfügen.

Ich erinnere mich an ein Ereignis, als ich mit Hilfe der Kirlian-Fotografie Energiemuster von Blumenkohl abbildete. Ich zerschnitt einen Blumenkohl in kleine Teile und verstaute diese in einer Plastiktüte. Dann legte ich diese Plastiktüte auf ein Blatt Fotopapier und setzte sie einem Hochspannungsfeld aus. Zu meinem Ärgernis war das ganze Papier mit gelber Energie gefüllt. Ich dachte zuerst, es handle sich um einen fotografischen Fehler, und wiederholte das Experiment zweimal, jedoch

mit dem gleichen, wenn auch etwas geringeren Effekt. Dann –
fünf Minuten später – noch ein Versuch. Nun war das Foto
»normal«, und es waren nur noch ein paar »Funken« in der Nähe
der Plastiktasche zu sehen. Das Interessante daran war, daß die
Fototechnik identisch war. Ich hatte den Fehler gemacht, den
»überflüssigen« Effekt als Irrtum zu betrachten. In Wirklichkeit
wurde mir ein Energieausbruch gezeigt, der dem Durchschnei-
den des Blumenkohls folgte.

Wie kann ich das Dritte Auge entwickeln?

Wir können die Wahrnehmungen des Dritten Auges nicht wirklich von den anderen Wahrnehmungsmechanismen trennen
(solange wir nicht das Körperbewußtsein überschreiten; Anm. d.
Hrsg.). Wie bei jeder anderen Form der Wahrnehmung gilt auch
hier, daß man das Dritte Auge nur durch dessen Gebrauch entwickeln kann. Wenn Sie die oben angeführten Experimente
durchführen, fühlen Sie auch, wie Sie mit dem Dritten Auge die
Dinge betrachten. Hierbei handelt es sich um einen Bereich an
der Stirn, der psychisch sehr sensibel ist. Um ihn zu finden,
schließen Sie die Augen und fühlen, wie Ihr Blick leicht nach
oben wandert. Öffnen und schließen Sie Ihre Augen ein paarmal
hintereinander, um den Platz zu finden. Rollen Sie Ihre Augen
nicht nach hinten, dadurch bekommen Sie nur Kopfweh! Wenn
Sie sicherer werden, wo sich das Dritte Auge befindet, versuchen Sie den Blick mit geöffneten Augen. Machen Sie es langsam, und erzwingen Sie nichts. Diese Übung sollte Ihnen das
Gefühl geben, gleichzeitig aus Ihren Augen und aus Ihrem
Gehirn bzw. Ihrer Stirn zu sehen.

(Eine andere, genaue Anleitung zur Meditation über das innere
Licht mit dem Dritten Auge gibt es im 4. Kapitel des Buches
»Heilende Meditation« von Rajinder Singh, Urania Verlag, CH-
Neuhausen; Anm. d. Hrsg.)

Was werde ich sehen?

Machen Sie sich keine Illusionen, gleich in Farbe zu sehen. Am Anfang werden Sie oft nur schattenhafte Formen erkennen können. Die Aura ist mit Zwiebelhäuten vergleichbar, jede Schicht läßt das Innere einer Person weiter hervorkommen. Beobachten Sie die Form, die Beschaffenheit und die Festigkeit der verschiedenen Auras, um herauszufinden, wie Sie diese Dinge erfahren.

Form und Beschaffenheit zeigen wahrscheinlich die Einstellung einer Person, die diese gegenüber anderen, nahestehenden Menschen hat. Eine scharfe Grenze oder eine festgeformte Aura zeigt oft, wieviel Nähe die Person zuläßt, mit anderen Worten, es handelt sich hier um den persönlichen Freiraum.

Sie sehen vielleicht auch, wie die Aura eines Freundes zu einer Pflanze oder einem geliebten Objekt hingreift. Lassen Sie sich von nichts überraschen. Es gibt keine Grenzen! Sie sehen vielleicht Hinweise auf eine Krankheit, was sich in der Aura auf viele Arten zeigen kann, manchmal sogar Tage oder Wochen vor den körperlichen Symptomen. Eine Ohrinfektion kann z.B. als Schatten über dem Ohr gesehen werden. Wenn die Infektion stärker wird, färbt er sich rot und orange.

Woher weiß ich, ob ich etwas Reales sehe?

Sehen Sie an dem Objekt, von dem Sie die Aura sehen wollen, vorbei, blicken Sie ruhig, und verwenden Sie auch den Bereich des Dritten Auges. Wenn Sie nun Farblinien um die Person feststellen, können Sie sich vergewissern, ob es auch tatsächlich die Aura ist, die Sie sehen, indem Sie kurz wegblicken.

Wenn Sie dann Nachbilder von den zuvor bemerkten Linien sehen, handelt es sich nicht um die echte Aura. Nachbilder sind ein biologischer Effekt angestrengter Augen. Um diese zu vermeiden, blinzeln Sie öfter.

Betrachten Sie ein Objekt nicht zu lange. Wenn Sie in der
Technik des Aura-Sehens geübter werden, müssen Sie ein
Objekt wahrscheinlich nicht mehr lange betrachten, um dessen
Aura zu sehen.

Haben Sie keine Angst wegzusehen, wenn Sie glauben, eine
Aura zu beobachten. Wenn es sich um die echte Aura handelt,
wird sie noch immer dasein, wenn Sie wieder hinschauen und
sich darauf konzentrieren. Falls nicht, handelte es sich nur um
ein Nachbild – dann war es gut wegzuschauen, um das Bild aus
Ihren Augen zu löschen. Nun können Sie einen neuen Versuch
starten.

Und wenn ich gar nichts sehe?

Vielleicht probieren Sie es zu sehr. Manche Menschen versuchen
eine ganze Stunde lang, etwas zu sehen. In dem Moment, in
dem Sie aufgeben, entspannen Sie sich, und vielleicht erscheint
die Aura vor Ihren Augen. Es wäre wert weiterzuarbeiten –
warum nehmen Sie sich also nicht Zeit für eine Pause, machen
irgend etwas Angenehmes und versuchen es dann noch einmal?
Wie bei so vielen Dingen im Leben macht die Übung den Meister. Sie werden feststellen, daß Sie bei jedem Versuch mehr
sehen.
    Kinder sehen die Aura meist leichter. Sie sind ungehemmt
und nehmen diese Dinge als selbstverständlich hin. Es ist wichtig, ein nicht Kind auszulachen, wenn es über diese Dinge
berichtet.

Die Aura ist lichtempfindlich und kann bei Sonneneinstrahlung
um ein Vielfaches größer werden. Man kann sie mit einem Baum
vergleichen. Energie und Nahrung werden von den Wurzeln
aufgesaugt und durch den Baumstamm zu den Zweigen und
Blättern transportiert. Die Aura saugt ebenso Energie von den

sie umgebenden Dingen auf, wie z.B. von Sonnenlicht, Pflanzen oder anderen Menschen. Wenn Sie also versuchen, die Aura einer anderen Person zu sehen, lassen Sie die Person zuerst in die Sonne hinausgehen, erst dann soll sie sich vor Sie hinstellen.

Noch immer kein Erfolg? Machen Sie sich keine Sorgen. Die Gabe des Aura-Sehens hat ein Für und ein Wider. Wenn es uns möglich wäre, immer und überall die Aura von Dingen zu sehen, würden wir uns wahrscheinlich binnen kurzer Zeit in einer Nervenheilanstalt befinden. Wenige Menschen unserer westlichen Gesellschaft – sogar praktizierende Hellseher oder medial veranlagte Menschen – sind so weit entwickelt und klar, daß sie die ganze Aura sehen können. Der durchschnittliche Mensch sieht immer nur kurze Momente. Es gibt viele talentierte und kompetente Leute, die noch nie eine ganze Aura gesehen haben, und dennoch ist ihr Beitrag zur Gesellschaft unglaublich wichtig.

Kann die Aura von anderen Lebewesen erspürt werden?

Mehr Menschen können die Aura eher fühlen als sehen. Ich erinnere mich an eine der ersten Übungen in der Natur. An einem Wochenende, an dem wir im Internat bleiben mußten, versammelten wir uns auf Anregung unseres Leiters in etwa 20 m Entfernung um einen Baum – eine Platane. Wir stellten uns mit unseren nach oben geöffneten Händen auf und schickten warme Gedanken und Grüße zum Baum. Der Baum lebte.

Ich richtete meine Hände auf das Zentrum und bemerkte, wie meine Handflächen heiß wurden – als ob ein elektrisches Feuer auf sie gerichtet wäre. Aufgrund eines Impulses drehte ich meine Hände um 90°, und der Effekt ließ nach.

Ich richtete meine Hände nun wieder auf den Baum, und das Prickeln intensivierte sich wieder. Ich ging vor dem Baum hin und her und bemerkte, daß die Empfindungen – abhängig von der Entfernung zum Baum – unterschiedlich waren. Das Prickeln stellte ich in der Handfläche, an den Fingern und verstärkt auf dem Handrücken fest. Ich erkannte, daß meine Hand so etwas wie eine »Landkarte« beinhaltete und wie ein Computer programmiert werden konnte, um Informationen aufzufangen.

Machen Sie ein Experiment

Suchen Sie sich eine offene Fläche, weit weg von Häusern, Säulen oder neugierigen Zusehern! Ihre Bekleidung sollte nicht beengend sein, und trinken Sie an diesem Tag keinen Alkohol. Bleiben Sie einige Zeit in diesem Gebiet, um sich darauf einzustellen. Entspannen Sie Ihr Gehirn, und denken Sie an Erfreuliches. Es hilft, wenn Sie jemanden bei sich haben, der sich auf derselben Wellenlänge befindet. Die Person wird Ihr Experiment nicht behindern und für Sie dasein, wenn Sie über etwas sprechen wollen.

Verwenden Sie Ihre Intuition, halten Sie Ihre Hände mit den Handflächen zu einem Baum, für den Sie Sympathie empfinden. Atmen Sie ein paarmal tief ein und aus. Vielleicht fühlen Sie sofort etwas – wahrscheinlich dauert es aber eine Weile, und Sie müssen mehrere Versuche machen.

Versuchen Sie, Ihre Hände ein bißchen vor und zurück zu bewegen. Was immer Sie fühlen, z.B. Wärme, Prickeln, Kälte, Zittern oder elektrische Linien, tun Sie es bitte nicht als unwichtig ab. Alles ist bedeutsam!

4.

Farben und Formen der Aura und deren Bedeutung

Probleme mit der Bewertung

Ich habe noch von keinem Fall gelesen, bei dem zwei Personen das gleiche gesehen hätten. Es ist sehr unwahrscheinlich, daß zwei Menschen die gleiche Aura-Farbe oder -Form beobachten. Wir sind alle einzigartig und arbeiten auf unterschiedliche Weise. Wir sehen die Aura der anderen Personen durch unser eigenes Energiefeld, und sie wird wahrscheinlich durch unsere eigene Veranlagung verzerrt. Wenn ich die Landschaft durch einen roten Filter betrachte, wird allen Farben das Element Rot genommen.

Über den Dingen zu stehen, spirituelle Entwicklung und Objektivität werden zur genauen Beobachtung benötigt. Das ist auch der Grund, warum medial veranlagte Menschen oder all jene, die in helfenden Berufen tätig sind, versuchen sollten, sich selbst, ihre Motivationen und ihre Emotionen zu klären und zu reinigen. Aus dem gleichen Grund müssen sich Therapeuten und Psychiater einer persönlichen Analyse unterziehen, bevor sie befähigt werden, ihren Beruf auszuüben.

Die Assoziation von Licht – im speziellen von weißem Licht – mit Gottheit und Heiligkeit ist in jeder religiösen Literatur nachlesbar. Matthäus schrieb in der Zeit nach Jesus' Tod die Worte: Das Auge ist des Körpers Leuchte, wenn das Auge einfältig ist, wird dein ganzer Körper Licht sein; ist das Auge schlecht, wird der ganze Körper in Dunkelheit gehüllt sein. Wenn dann das einzige Licht, das du hast, dunkel ist, ist die Dunkelheit doppelt schlimm.

Die Verwendung der Einzahl in Verbindung mit dem Wort

»Auge« ist hier bedeutsam. Könnte er hiermit das Dritte Auge oder die Zirbeldrüse meinen, den »Sitz der Seele«?

Das endokrine System

Bei Forschungen über die Zirbeldrüse (Roney-Dougal, 1989) stellte ich fest, daß diese mit den endokrinen Drüsen im Körper physiologisch verbunden ist. Diese endokrinen Drüsen sind genau an jenen Stellen des Körpers zu finden, welche die Yogis als Chakras bezeichnen. Ich finde das sehr interessant, vor allem da die physiologischen Funktionen dieser Drüsen mit den von den Yogis definierten Funktionen der Chakras in enger Verbindung stehen.

Die Zirbeldrüse wird als das Dritte Auge bezeichnet, als das psychische Zentrum. Ich fand heraus, daß sie eine halluzinative neuro-chemische Substanz produziert, die einer pflanzlichen Substanz ähnlich ist, die von den Amazonas-Indianern verwendet wird, um Psi-empfängliche Gemütszustände herbeizuführen.

Die Zirbeldrüse wird von den Yogis als beherrschendes Chakra betrachtet, das mit allen anderen Chakras in Verbindung steht, was auch durch die Tatsache beweisbar ist, daß alle endokrinen Drüsen durch das von der Zirbeldrüse produzierte Hormon Melatonin reguliert werden.

So wie sich der mentale, spirituelle und physische Zustand einer Person ständig verändert, bleiben auch die Farben der Aura nicht gleich. Es ist erstaunlich, wie sich bestimmte Redewendungen in unsere Sprache eingeschlichen haben, vor allem wenn von negativen Gefühlen die Rede ist. Es wird von »grün vor Neid«, einer »schwarzen Depression« oder »rot vor Wut« gesprochen. Wir alle verstehen im Unterbewußtsein die Bedeutung der Farben der Aura.

Nur anhand der Aurafarben kann ein Hellseher den emotionalen und spirituellen Zustand einer Person beurteilen – einschließlich Krankheiten und Disharmonien. Das Wort »Hellseher« war ursprünglich ein sehr sachliches, pragmatisches Wort. In unserer modernen, reduzierenden Welt wird das Wort oft in aburteilender Bedeutung verwendet, indem es eine Person beschreibt, die vor leichtgläubigem Publikum zweifelhafte Aussagen macht.

Die Bedeutung der Farben

Es gibt keine Standardfarbpalette, die von der Wissenschaft nachvollziehbar ist, jedoch existiert zwischen Hellsehern eine allgemeine Übereinkunft bezüglich der Farbbedeutung, die in keiner Weise nur auf die reinen Farben des Spektrums limitiert ist.

Annie Besant und C. W. Leadbeater beschreiben in ihrem Buch »Thought Forms« (Gedankenformen) nicht nur die vorherrschenden Farben der Aura, denen sie entsprechende Bedeutungen zuschreiben, sondern auch eine Vielzahl an Formen, die mit »plötzlicher Angst«, »scharf auf ein alkoholisches Getränk« oder »bei einem Autounfall« assoziiert werden. Diese Formen bilden sich geometrisch aus – ich verweise Sie auf die entsprechende Literatur.

Besant und Leadbeater vertreten die Ansicht, daß der Körper unter einem bestimmten Einfluß der Gedanken einen vibrierenden Teil seiner selbst abwirft, dieser wird durch die Art der Schwingungen geformt.

Dieser Körper wiederum sammelt von der umgebenden Atmosphäre, von den elementaren Essenzen der mentalen Welt, ihm der feinstofflichen Beschaffenheit nach ähnliches Material. Wir haben hier also eine Kombination zweier Faktoren: die allgemeine Farbe der Aura und den Effekt der momentanen Gedanken. Obwohl es sich um ein komplexes Gebiet handelt, genügen für den Anfänger die folgenden Ausführungen.

Die Farben häufiger Gemütszustände

Weiß:
Findet man eher selten; wird mit spirituell hochstehenden und
entwickelten Personen in Verbindung gebracht. Vom Standpunkt der Physik betrachtet wird das weiße Licht durch ein
Prisma in alle Farben des Spektrums aufgespalten. Weiß kann
man symbolisch als Zustand betrachten, in dem alle menschlichen Qualitäten im Gleichgewicht und in Harmonie sind. In
der Bibel wurden die Heiligen stets beschrieben als mit »weißen Kleidern bekleidet«. Weiß ist das Symbol der Reinheit, der
Spiritualität, der Gottzentriertheit. Eine Person mit dieser
Aura heilt allein durch ihre Anwesenheit. Sie ist automatisch
vor der Kraft des Bösen geschützt. Jedoch sind solche Menschen oft sehr schüchtern, es fehlt ihnen das Verständnis für
das Funktionieren der Welt, und das Leben in Großstädten be-
lastet sie.

Violett:
Intuition oder spirituelle Fähigkeiten, spirituelle Aktivitäten
oder Informationen, Medium in Trance, Umwandlung, therapeutische Heilung, Schutz; Herz- oder Magenprobleme, Arroganz, Überheblichkeit.

Indigo:
Das ist die Farbe zwischen Dunkelblau und Violett. Sie kombiniert das Spirituelle und das Intuitive und stimuliert das Dritte
Auge. Mischt man Dunkelblau mit Hellrot, bekommt man Violett, was für Medialität steht, auch für königliche Erhabenheit
und spirituelle Kraft, die aus dem Wissen und geheimnisvoller
Überlegenheit entspringt. Sie steht für aktiviertes Wissen, das
das Bewußtsein abgrenzt. Auf der körperlichen Ebene unterstützt Violett die Heilung von Hautentzündungen und die Zerstörung von Bakterien.

Blau:
Blau steht in Verbindung mit kreativen Menschen und weist auf offene Verbindungen zu spirituellen Bereichen hin. Es gibt viele verschiedene Blaustufen, und eine Farbkarte wäre die beste Art, sie darzustellen. Zum Beispiel steht ein dunkles Marineblau für den Informationsfluß, der aus dem tiefen Becken des Wissens strömt. Es wird mit intuitiven und medial veranlagten Menschen in Verbindung gebracht. Eine interessante Abstufung ist die Farbe Himmelblau, so wie sie an einem strahlend schönen Tag zu sehen ist. Sie wird mit dem Wunsch nach Lernen und der für die Evolution wichtigen Stimulation assoziiert. Wenn die Aura überall dieses Blau aufweist, ist die emotionale Verfassung des Menschen am positivsten. Es geht hier um Kommunikation, Lernen, ruhige und friedvolle Veranlagung, emotionale Gesundheit, Vertrauen und Zuversicht, Sicherheit der inneren Stimme, Klarheit, Integrität, Kreativität. Auf der negativen Seite kann es Melancholie, Unreife, Besessenheit, spirituelle Arroganz usw. anzeigen. Blau kann aber auch von anderen Farben verunreinigt werden. Zum Beispiel steht das Blau mit einer Grautönung für selbstsüchtige religiöse Gefühle.

Ganz allgemein sollte man noch festhalten, daß die Farbe am effektvollsten ist, wenn sie den ganzen Körper umhüllt.

Grün:
Zeigt die Verwandtschaft zwischen Körper und Seele, eine Farbe mit verschiedenen Bedeutungen. Die Grundbedeutung ist Einfühlungsvermögen, die Fähigkeit, sich in eine andere Person zu versetzen. In ihren niedrigeren Aspekten steht sie für Betrug und Eifersucht; weiter oben auf der emotionalen Skala steht Anpassungsfähigkeit, und an ihrer höchsten Stelle finden wir – wenn es sich um die Farbe der Blätter handelt – die Essenz der Gefühle für andere Menschen, die Sympathie. In den neutralen Aspekten repräsentiert Grün die Manifestation, den Erwerb und die Assimilation von notwendigen irdischen Dingen. In man-

chen Schattierungen, wenn das Grün ins Gelbliche geht, steht es für niedrigeres intellektuelles und kritisches Potential. Grün wird mit Heilung, lehrender Energie, Erneuerung, Wechsel, magnetischen Dingen, Reichhaltigkeit, Ruhe assoziiert. In seiner negativen Form zeigt es körperliches Unwohlsein, Täuschung, Mißtrauen oder Zweifel, Naivität.

Gelb:
Gelb ist eine intellektuelle Farbe. Die Gelbschattierungen geben Aufschluß über die mentale Funktionsfähigkeit. Helles Gelb weist auf den höchsten intellektuellen Stand hin. Gelb mit rötlicher Färbung steht für starken Intellekt. Gelb, das mit gleichem Anteil Rot gemischt ist, zeigt den Intellekt auf einer niedrigen Ebene. Viele Menschen verfügen über ein großes, aber brachliegendes Potential. Sie gehen zur Arbeit, die schon lange keine Herausforderung mehr für sie darstellt, und sie sind viel zu erschöpft, um sich in ihrer aktiven Freizeit der Suche nach intellektueller Stimulation zu widmen. Es ist eine große Tragödie, daß der Gemeinschaftssinn in der westlichen Gesellschaft immer mehr abnimmt – die Großstädte fallen in sich zusammen. Gemeinschaftssinn findet man nur noch in kleineren Gemeinden und in sogenannten primitiven Gesellschaften. Gelb wird mit Intellekt und Intelligenz assoziiert, mit persönlicher Kraft, wissenschaftlicher Neigung, Unabhängigkeit, Genialität, mentaler Agilität, Autodidaktik. Die negativen Aspekte umfassen Kontrolle, Aburteilen, Perfektionismus, Sturheit, Furcht und Sorgen.

Orange:
Orange ist eine Mischung aus Rot (dem Physischen) und Gelb (dem Mentalen). Sie ist eine häufige Aurafarbe und hat mit der Erzeugung von Aktivität zu tun. Es ist die Farbe der Übermittlung, da die Person versucht, die Information in leicht handhabbaren und ausgewogenen Einheiten abzulegen. Falls die Farbe über einen längeren Zeitraum zu beobachten ist, zeigt sie das

Feststecken der Person. Sie ist dann nicht in der Lage, sich wei-
terzuentwickeln. Trübheit repräsentiert fehlende Klarheit oder
Unterdrückung eines Problems. Positive Assoziationen sind
künstlerische Kreativität, Mitleid, Sensibilität, Harmonisierung,
Heilung. Negative Aspekte umfassen Ungewißheit, Beeinfluß-
barkeit, Naivität.

Rot:
Rot ist die Farbe der Aktivität. Es ist das animalische Element
und bezieht sich auf materielles Denken. Obwohl es manchmal
für Vitalität und Gesundheit auf der körperlichen Ebene steht,
zeigt es in den häufigeren Fällen negative Eigenschaften. Auf
der mentalen Ebene steht es für Wut und ein damit verwandtes
Gefühl, Stolz. Rosarot bedeutet reine Zuneigung, glänzendes
Rot weist auf starke Wut hin; schmutziges Rot steht für Leidenschaft und Sinnlichkeit; Braunrot zeigt Geiz. Rot wird manchmal in Bars verwendet, um die Kunden zum Trinken zu animie-
ren und gleichzeitig niedere Gefühle zu stimulieren. Rosa ist
eine Kombination von aktivem Rot und weißem Licht. Es steht
für die alles umfassende Liebe, ist die Farbe des Herzchakras
und eignet sich hervorragend, um gewalttätiges Verhalten und
mentale Ausbrüche zu beruhigen. Weitere positive Qualitäten
sind Aktivität oder Bewegung, Leidenschaft, Sexualität, männli-
che Energie, Führungsqualitäten, starker Wille, Vitalität, Moti-
vation, Großzügigkeit. Andere negative Eigenschaften sind ein
starrer oder sturer Charakter, Ärger, Wut, Angst.

Braun:
Braun ist eine sehr häufige Farbe der Aura. Sie läßt andere Farben oft trüb erscheinen. Braun zeigt die Verbindung zur Erde
und zum Fleiß im landwirtschaftlichen Bereich. Normalerweise
gibt Braun Hinweise auf Neigung zur Depression oder zu mate-
rialistischem Egoismus. Häufig übernehmen sehr offene und
spirituelle Menschen die Depressionen der anderen. Sie berichten, es komme »ohne Grund eine Stimmung über sie«; das ist ein

Hinweis darauf, daß die Ursache nicht in ihnen selbst liegt. Dieser Zustand wird als dunkle Wolke sichtbar, die umherschwebt und in keinem Punkt fest verankert ist.

Schwarz:
Schwarz ist fehlendes Licht. Es absorbiert jede Farbe und reflektiert keine. Wenn wir von »schwarzen Wolken der Depression« sprechen, beziehen wir uns auf ein Gebiet, in dem jede Farbe eliminiert wurde, also eine Art »Schwarzes Loch«. Schwarz wird häufig mit Bosheit in Verbindung gebracht und bei Menschen beobachtet, die sich über sich selbst oder andere geärgert haben (z.B. eine Frau über ihren geschiedenen Ehemann) und es zuließen, daß sich der Ärger in ihren Körper hineinfraß. Diese Menschen stellen sich vor, wie sehr sie einen anderen verletzen könnten oder wie sie sich für etwas revanchieren könnten. Bosheit gibt sich rachsüchtigen und nachtragenden Gedanken hin, die in den meisten Fällen zum beherrschenden Teil der Persönlichkeit werden. Schwarz ist schwer zu sehen – die meisten Menschen fühlen es als eine Kraft des Unbehagens oder der Kälte. In der religiösen Geschichte wird Schwarz mit Ignoranz und dem Bösen assoziiert. Diese Menschen verfügen über begrenzte Kräfte, sich aus ihrem Zustand zu befreien, denn eigentlich wählen sie ihn ja aus freiem Willen.

Farben können sich verändern, nichts ist permanent. Jeder kann alles verändern, wenn er es nur möchte. Je mehr man aber an selbstsüchtige Gedanken gebunden ist, desto weniger will man diese ändern.

5.

Verschiedene Methoden zur Aura-Interpretation

Wie stehen nun von Hellsehern gewonnene Aurainformationen im Verhältnis zu den Daten, die mittels herkömmlicher Aurafotografie gewonnen wurden? Lassen Sie uns noch einmal die Gültigkeit der einzelnen Fotografiemethoden beleuchten.

Die Filmempfindlichkeit umfaßt den Bereich des »sichtbaren Spektrums«. Grob gesagt handelt es sich hierbei um die Wellenlänge des Lichts vom Infrarot- bis zum UV-Licht, das alle Farben des Regenbogens umfaßt. Unter normalen Bedingungen kann die Kamera das schwache Licht der Aura nicht erfassen. Obwohl die Farben vorhanden sind, verfügt die Kamera nur über durchschnittliche Lichtempfindlichkeit, und die Farbe der Aura versinkt vor dem Hintergrundlicht. Spezielle Bedingungen und Kontrollen – wie zuvor beschrieben – sind also notwendig.

Jedoch fallen nicht alle Energien in diese Kategorie. Schon oft wurden Geister fotografiert. Sie werden auch als »Geistige Komparsen« bezeichnet. Ob wir dieses Phänomen nun als Aura definieren oder nicht, ist ein strittiger Punkt. Der Kameramann kann die Umrisse nicht erkennen, wenn er das Foto macht, das ist ein Merkmal der Geisterfotografie. Es kann nicht auf Kommando gemacht werden. Es erscheint und verschwindet, wie es möchte. Es ist gut möglich, daß es sich dabei um eine Projektion des Gedankenfeldes einer körperlosen Person handelt. Diskussionen darüber würden aber den Rahmen dieses Buches sprengen, ich darf Sie also auf spezielle Bücher über dieses Thema verweisen.

Allgemeine Probleme der Annäherung

Da es sich bei der Aura um ein dreidimensionales, vom physischen Körper ausgehendes Phänomen handelt, das in seinen Mustern sehr subtil ist, kann kein einzelner Prozeß alleine den ganzen Effekt festhalten. Die ganze Aura schimmert, obwohl ihre grundsätzlichen Eigenschaften konstant bleiben – außer wenn etwas Drastisches vorfällt (Unfall, Schock etc.).

Machen wir ein Foto davon, so ist es, als ob wir ein einziges Bild eines ganzen Films ansähen. Trotzdem ist die Genauigkeit der über ein einzelnes Foto erhaltenen Informationen beachtenswert.

Am hilfreichsten ist es vielleicht, die Aura als Wind zu beschreiben. Man kann den Wind selbst nicht sehen, aber man sieht seine Auswirkungen auf die Zweige eines Baums.

Es ist eine gute diagnostische Praktik, sich nicht nur auf eine Methode zu verlassen. Wenn uns die Aurafotografie auch nur einen einzigen verläßlichen Anhaltspunkt geben kann, ist sie den Aufwand wert. Die so gewonnene Information sollte in Verbindung mit all den anderen Daten gesehen werden, die durch unterschiedliche Methoden gewonnen wurden, um eine genaue Interpretation zu gewährleisten.

Wie kann man die Aura fotografieren?

Die Kirlian-Fotografie oder Elektrofotografie ist eine Möglichkeit. Es handelt sich hierbei um eine Methode, Energiemuster, die um die Hände und Füße einer Person vorhanden sind, auf Film oder Fotopapier festzuhalten. Sie wurde von Semyon und Valentina Kirlian 1939 veröffentlicht. Sie stellten fest, daß Funken, die man an ein fotoempfindliches Material hielt, Bilder produzierten. Kirlian nannte diese Technik »Hochfrequenz-« bzw. »Hochspannungsfotografie«.

Die elektrischen Felder rings um einen Körper verändern sich, noch bevor eine physische Krankheit ausbricht. Der Vorteil der Kirlian-Fotografie z.B. im Bereich der Krebsvorsorge ist, daß sie vergleichsweise wenig in das Krankheitsgeschehen selbst eingreift (also »non-invasiv« ist) und man relativ frühe Hinweise auf eine Krankheit bekommt. Das Verfahren – obwohl nur einmal durchgeführt – ist sehr verläßlich.

Wissenschaftler studierten die Kraftfelder um den Körper herum genau. Die Schlußfolgerungen daraus sind:

1. Der menschliche Körper hat eine elektrische Spannung, von der ein Teil in einem »Feld-Effekt« reflektiert wird, der auch in einiger Entfernung wirksam ist.
2. Dieses elektrische Muster wird vom physischen und mentalen Zustand der Person beeinflußt und verändert sich entsprechend.
3. Die Charakteristika können durch ein elektrisches Standardmeßgerät – zum Beispiel mit einem Voltmeter mit hohem Widerstand – gemessen werden.
4. Der menschliche Körper strahlt Licht aus, das sich entsprechend der psychischen und physischen Zustände des Körpers verändert.
5. Wenn sich der Körper im Umfeld eines Hochfrequenzfeldes befindet und man fotoempfindliches Material dazwischenlegt, erhält man verschiedene Muster, die durch eine Kombination von physischen, mentalen und psychischen Zuständen der Person verursacht werden könnten.

Im Folgenden einige der vielen Anwendungsmöglichkeiten der Kirlian-Fotografie:

1. Messung der Lebenskraft in Pflanzen und Samen.
2. Entdeckung von Krankheiten, bevor körperliche Symptome auftreten.

3. Überprüfung anderer Behandlungsmethoden, wie z.B. Akupunktur, Homöopathie und spiritueller Heilung.
4. Bestimmung toxischer Rückstände nach Drogenmißbrauch.
5. Messung der Auswirkung elterlicher Konflikte auf Kinder.
6. Feststellung der psychischen Kompatibilität zweier Menschen.

In über 700 wissenschaftlichen Schriften wurde über das Kirlian-Phänomen berichtet, und ich möchte den Leser auf mein Buch »The Unseen Self – Kirlian Photography Explained«, Stockman 1997, verweisen, das sich mit der Kirlian-Fotografie beschäftigt.

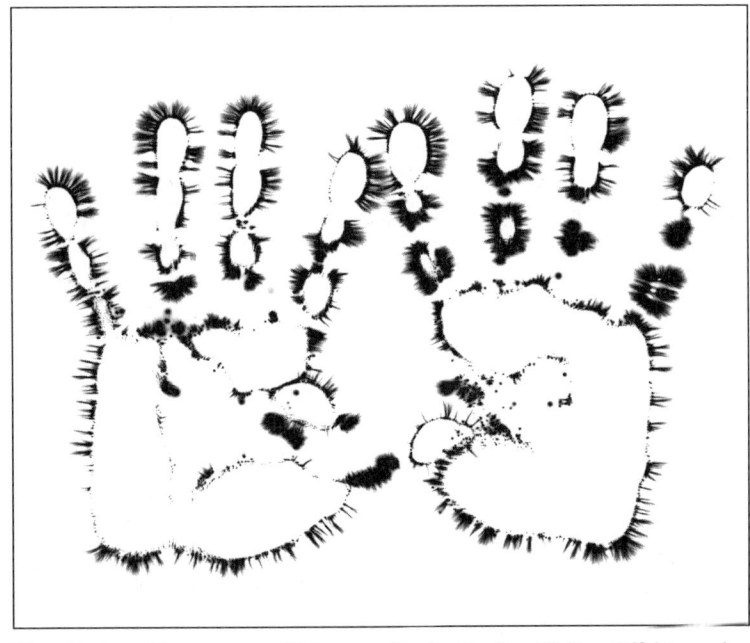

Verschiedene Formen von Kränzen, die durch den Kirlian-Effekt produziert wurden.

Gibt es andere Methoden, die Aura zu fotografieren?

Eine Methode, die als »Aura Imaging Photography« bezeichnet wird, nimmt für sich in Anspruch, das Licht um die Köpfe von Menschen festhalten zu können. Es wird eine speziell angepaßte Polaroidkamera verwendet. Die Testperson schlüpft mit ihrer Hand in eine Art »Metallhandschuh«, in dem Elektroden die Spannungsdifferenzen messen. Die Testperson sitzt vor einer Kamera, mit der ein Foto gemacht wird. Auf das Bild des Kopfes werden Farben projiziert. Die Farben sowie deren Position und Ausdehnung geben Aufschluß über den mentalen und physischen Zustand.

Eine andere Methode, die als »Polycontrast Interface Photography« (PIP) bekannt ist, gibt uns die Möglichkeit, ein vielfarbiges Bild des Körpers auf Video oder auf Einzelbildern zu sehen. Die Person wird vor einen weißen Hintergrund gestellt, über ihrem Kopf ist eine Lichtquelle angebracht, die das gesamte Spektrum und das fluoreszierende Licht umfaßt.

Eine Videokamera, die mit einem CCD-Chip ausgestattet ist, wird auf die Testperson gerichtet. Der CCD-Chip enthält lichtempfindliche Zellen, die Licht in elektrische Signale umwandeln. Diese Signale werden in speziell dafür entwickelte Computerprogramme eingespeichert, die jedes Signal – geordnet nach Intensität – mit einer Zahl versehen, die wiederum jeweils mit einer bestimmten Farbe oder einer Farbschattierung in Beziehung gebracht wird. Schließlich wird das Bild der Person auf eine Leinwand projiziert, wo nun Energiezentren, Meridiane und Problemzonen entsprechend ihren Farben deutlich zu erkennen sind.

Die Befürworter dieser Methode berichten, daß dadurch die Energiefelder gezeigt werden und der Heilungsprozeß veranschaulicht werden kann. Gesunde Körperbereiche erscheinen gelb, grün oder blau, während die Farbe Rot auf eine Blockade hinweist. Die Methode kann den ausgleichenden Effekt der Heilung durch Kristalle verdeutlichen.

Sind diese Methoden vergleichbar?

Betrachten wir die vier Methoden. Welche Informationen können die direkte Beobachtung, die Kirlian-Methode, die Aura Imaging Photography und die PIP liefern.

1. Hellseherische oder mediale Beobachtung:
Hellseher oder medial veranlagte Personen arbeiten subjektiv. Sie sehen vielschichtige Farbbänder in verschiedenen Formen und Intensitäten um eine Person. Weiter erhalten sie Eindrücke von den Personen, sowohl durch das innere Auge, durch paranormale Vision als auch über ihr Nervensystem. Der Nachteil hierbei liegt in der Bewertung der Beobachtungen: Sie sind schwierig nachzuprüfen und für wissenschaftliche Forschungen nicht so günstig. Das bringt natürlich die interessante Frage nach der Überprüfbarkeit spiritueller Phänomene auf, die wir weiter unten näher beleuchten wollen.

Die anderen drei Methoden sind von der Person, die die Bedienung der Apparate durchführt, völlig unabhängig. Das bedeutet, daß die so gewonnenen Ergebnisse für jedermann sichtbar sind und deren Interpretation dem Untersuchenden obliegt. Persönliche Bewertung fließt natürlich – wenn auch nur in geringem Ausmaß – mit ein. Man muß jedoch ganz allgemein festhalten, daß bei allen Experimenten mit subtilen Energien die Gemütsverfassung der Person, die die technischen Geräte bedient, oder auch ein Beobachter die Testperson direkt beeinflussen können.

2. Die Kirlian-Fotografie:
Da man nicht den ganzen Körper auf einmal beobachten kann, bewerten einige die Kirlian-Fotografie als in ihrem Anwendungsbereich sehr begrenzt. Kirlian eignet sich für flache Oberflächen, wie z. B. Hände oder Füße. Vom praktischen Standpunkt aus ist das kein großes Problem, denn die Fülle

des Nervengewebes und die Verbindung zu den einflußreichen Komponenten der Handlinien, der Akupunkturpunkte oder der Reflexpunkte garantieren ein interessantes Ergebnis. Kirlian produziert einen Auraausschnitt, von dem Rückschlüsse auf die gesamte Aura gezogen werden können. Jedoch kann man mögliche Heilprozesse nicht in realer Zeit sehen. Es gibt spezielle Maschinen, bei denen die Hand auf eine Glasplatte gelegt wird, wobei die Unterschiede in der Strahlung sichtbar werden. Das Problem ist nur, daß Sie mit Ihren Augen etwas anderes beobachten, als Sie dann tatsächlich auf dem Film oder Fotopapier sehen. Somit kann Ihnen ein falscher Eindruck vermittelt werden, der Sie in die falsche Richtung leitet.

Das wahre Aufgabengebiet der Kirlian-Fotografie liegt in der »Davor«- und »Danach«-Bewertung, nämlich dann, wenn der Effekt einer Behandlung durch eine Folge von Fotografien sichtbar gemacht wird. Im Gegensatz zu den Berichten eines Hellsehers, die man nur glauben kann oder auch nicht, kann ein therapeutischer Effekt beim Ansehen der Kirlian-Fotos »vorher – nachher« von jedem nachvollzogen werden.

3. Aura Imaging Photography (AIP):
Diese Methode besteht im Übereinanderlegen vieler Bilder auf Polaroidfilm. Die sichtbare Aura befindet sich dabei nicht um den Kopf herum, daher betrachten viele diese Methode als irreführend. Farben werden vielmehr auf den Kopf projiziert. Die AIP kann uns den Zustand einer Person zeigen, die Farben geben jedoch nur Aufschluß über den Zustand selbst, nicht über dessen Ursache.

4. PIP:
PIP liefert die interessantesten Beobachtungen. Diese Methode ist nicht invasiv, das heißt, der ablaufende Prozeß stört die Testperson nicht. Die Kamera befindet sich in einiger Entfer-

nung und die Person wird gebeten, eine passive Rolle einzu-
nehmen. Diese Methode ermöglicht die Bestimmung der Wirkung, die der Heiler selbst auf die Farben und das Energiefeld
der Testperson hat.

6.

Aufbau und Stärkung der Aura

Menschen sind tiefe Energiebrunnen mit ungeheuren Kraft-reservoirs. Das wahre Problem hat sich durch die Jahre hindurch allerdings nicht verändert. Die entsprechende Frage lautet noch immer: »Wo liegen unsere Prioritäten?«

Möchten Sie Ihre Energien und Ihre Aufmerksamkeit dafür verwenden, für sich und Ihre Familie ein materiell erfolgreiches Leben zu schaffen, oder möchten Sie sich und Ihr ganzes Sein in das Feuer des spirituellen Lebens werfen? Die meisten Menschen sind zu lethargisch, um sich diese Frage auch nur ernsthaft zu stellen.

Um die Aura aufzubauen und zu stärken, muß man zunächst einmal die Existenz der Aura akzeptieren, danach erfolgt die Bewußtmachung ihrer Formen. Als dritten Punkt muß man eine Veränderung herbeiführen wollen. Die Regeln des Körpers stehen dazu in krassem Gegensatz. Der physische Körper existiert bereits und wird durch Nahrung erhalten. Die anderen Körper müssen durch einen konstanten und bewußten Prozeß der inneren Evolution entwickelt werden. Durch Engagement und Anstrengung erfolgen die allmähliche Anpassung und die Befreiung der Körper. Der physische Körper ist das Fundament für den subtilen Körper, und dieser ist wiederum das Fundament des kosmischen Körpers.

Es ist daher verwirrend, wenn einige Leute bewußt hungern und auch sonst ihren physischen Körper negieren, um damit angeblich ihre spirituelle Entwicklung voranzutreiben. Der Körper ist der Tempel der Seele, wie Jesus gesagt hat. Während unserer Inkarnation brauchen wir unseren Körper, man sollte ihn schätzen und mit Respekt behandeln. Der Grundgedanke ist die Über-

windung der Grenzen des physischen Körpers. Nichts ist zu ver-
teufeln. Wir können bis an die Grenzen unserer Kapazitäten
essen und trinken, wenn unsere anderen Körper aber unter-
ernährt sind, werden wir nicht zufrieden sein.

Die Frage ist: »Wie aktiviert man die subtilen Körper?« Wir müssen den physischen Körper, den Verstand, das Rationale und die
Merkmale unserer physischen Umwelt gebrauchen und sie nicht
ignorieren. Sie sind Werkzeuge und Mittel.

Dieses Buch handelt nicht in erster Linie von physischer
Gesundheit. In bezug auf Farbe ist es aber interessant zu wissen,
daß Licht und Farbe verwendet werden, um die Aura zu stärken.
Die therapeutische Verwendung von Sonnenlicht und Farben –
die Heliotherapie – ist so alt wie die Medizin selbst. Ägyptische
Ärzte setzten farbige Wände zur Heilung verschiedener Sorgen
ein.
  Sonnenbäder wurden im späten 19. Jahrhundert in Deutsch-
land mit dem Aufkommen der Naturheilkunde sehr populär.
UV-Licht wurde als Folge der Entdeckungen durch Koch und
Pasteur und der Wirkungen von UV-Licht auf krankheitsverur-
sachende Bakterien verwendet. Licht wird gebraucht, um die
Narben nach Windpocken sowie um Tuberkulose, Rachitis und
einige Hautkrankheiten zu behandeln oder um die Wundheilung
zu beschleunigen.

Die Aura hat zwei Funktionen: Information und Schutz. Sie
kann gegen oder für uns arbeiten. Wir können Glück oder
Unglück wählen – es handelt sich hierbei um unsere eigene Ent-
scheidung, um unseren freien Willen. Keine therapeutische
Methode kann als einwandfrei gelten, wenn die Verantwortung
dafür nicht in den Händen des Patienten liegt.

Methoden zur Heilung

Betrachten wir die Eigenschaften des Körpers und den Heilungs-
mechanismus. Alle Lebewesen strahlen Felder ab. Einige sind
elektromagnetisch, das heißt, sie verfügen über Komponenten
von Elektrizität und Magnetismus. Alle Lebewesen strahlen ein
Licht ab, welches wir als Aura bezeichnen.

Es ist nur eine Frage der Zeit, bis Computeranalysen in der
Lage sein werden, Krankheiten zu bestimmen. Bis dorthin müssen wir die Körperbereiche durch die Augen eines Heilers
betrachten. Kein Lebewesen, keine Zelle kann ohne Rückmel-
dung, ohne Feedback existieren.

Die folgenden Methoden basieren auf der Annahme, daß wir
Verstand, Körper, Seele und Geist besitzen. Alles muß in
Betracht gezogen werden. Es bringt nichts, wenn der Körper mit
der richtigen Nahrung versorgt wird, sich der Verstand und der
Geist aber gleichzeitig nach irgendeiner Art von Stimulation
sehnen oder wenn die Seele durch das Bewußtsein einer unerle-
digten Sache getrübt ist.

Achten wir auf folgende Faktoren, um unsere Aura zu stärken
und um Heilungsprozesse ganzheitlich zu fördern:

1. Erweiterung unserer Selbsterkenntnis
2. Stellen Sie sich jedem Problem.
3. Behandeln Sie Ihren Körper richtig, und versorgen Sie Ihn
   mit der richtigen Nahrung.
4. Trainieren Sie den Körper, und verwenden Sie korrekte
   Atemtechniken.
6. Finden Sie den Glauben, der für Sie Sinn ergibt und Sie vor-
   wärts trägt.
7. Pflegen Sie Freundschaften und zwischenmenschliche Beziehungen.
8. Disziplinieren Sie sich selbst so, als ob Sie sich auf ein Rennen
   vorbereiteten. Setzen Sie sich täglich realistische Ziele.

Die Aura-Soma-Methode

Es gibt viele Methoden, um Rückmeldungen über den Zustand und für die Stärkung der Aura zu erhalten. Eine effektive Methode beschäftigt sich nicht nur mit den Symptomen, sondern arbeitet auf allen Ebenen, mit allen Komplexitäten und Disharmonien, die die Krankheit verursachen.

Eine dieser Behandlungsmethoden ist Aura Soma. Der Name wird vom Griechischen »Soma« = Körper oder »Lebensenergie« in Sanskrit hergeleitet. Sie hat das Ziel, die Balance zwischen Verstand, Körper, und Geist wieder herzustellen, wodurch der Körper zu seinem natürlichen Rhythmus zurückfinden kann.

Viele von uns kennen im Unterbewußtsein ihre Probleme und Bedürfnisse. In der Aura-Soma-Methode ist die Farbe das Schlüsselelement, welches uns Zugang zu unserer Fähigkeit gibt zu erkennen, was für uns richtig und wahr ist.

Diese Fähigkeit der »eigenen Auswahl« wird angewandt, wenn man Testpersonen bittet, aus einer Reihe von gezeigten Flaschen einige nach deren Attraktivität auszusuchen. Die **erste** Flasche zeigt unsere Aufgabe im Leben, die **zweite** zeigt uns, wie diese Aufgabe ausgeführt wird. Die **dritte** Flasche ist das »Jetzt«, und die **vierte** zeigt uns, wie sich zukünftige Einflüsse auf uns auswirken. Die Flaschen beinhalten verschiedene Mischungen aus emulgierten essentiellen Ölen, Aromaessenzen mit Wasserlösungen aus Kräuter- oder Blumenextrakten und Edelsteinessenzen.

Eine Beratung basiert auf vier ausgewählten Balance-Fläschchen. Die vom Klienten getroffene Auswahl bildet den Schlüssel zur Lösung vergangener Schwierigkeiten und bestätigt Talente und Stärken. Während der Beratung wird die Botschaft der Farben interpretiert und der Weg zur Genesung gesucht.

Es gibt zwei Ölarten: »Balanceöle« und »Quintessenzen« (siehe auch das Buch »Aura Soma leicht gemacht« von Suzan H. Wiegel im Anhang; Anm. d. Hrsg.). Die Balanceöle sind hauptsächlich auf den Schutz der Aura abgestimmt, da sie auf das elektromagnetische Feld wirken, das sich eng um den physischen Körper legt. Sie stärken und stellen das energetische Feld wieder her. Die Aura wird durch die benötigte Farbe gestärkt und fungiert als Schutz für die Erhaltung der ätherischen Vollkommenheit. Das Balanceöl wird tropfenweise auf die linke Handfläche gegeben, beide Hände werden dann aneinandergerieben. Danach werden die Hände in einer Position gehalten, so daß die Energie sowohl der Person selbst als auch der umgebenden Welt angeboten wird. Hinterher streichen die Hände von oben nach unten um die Aura, so als ob man das elektromagnetische Feld streichelt – etwa 5 cm vom physischen Körper entfernt. Durch richtige Atmung kann die Energie auch über die Schleimhäute aufgenommen werden.

Quintessenzen sind in ihren Wirkungen subtiler. Sie ermöglichen uns die Einstellung auf die spezielle Eigenschaft einer Energie, z. B. um uns für die energetische Hilfe für ein bestimmtes Vorhaben zu öffnen. Weiche Handbewegungen um den Körper stimulieren und ziehen diese feinen Energien den Körper hinunter.

Streß und die Aura

Täglicher Streß ist die häufigste Schwierigkeit bei der Erhaltung der Aura. Mehr Ruhe, Zeit alleine verbringen meditieren und die Umweltfaktoren, welche den Streß verursachen erkennen und vermeiden sind die besten Heilmittel. Regelmäßige Meditation hilft, aufgezehrte Energie wieder aufzufüllen, und sie verringert den inneren Streß, der auf die Aura schwächend wirkt.

Für übertriebene Empfindungen gilt das gleiche. Emotionen können jedoch noch intensiver sein als normaler Streß. Wie viele sensitive Menschen wissen, sind große Menschenmengen, Schulen und Städte mit intensiver emotionaler Energie gefüllt.

Dafür empfängliche, medial veranlagte Menschen haben meist gelernt, starke Schutzschilde aus Licht und/oder Energie aufzubauen, um sich von den Gefühlen anderer Menschen zu distanzieren. Für einen empfindsamen Menschen, der noch keinen starken Schild aufgebaut hat, können die ersten Tage in einer emotional intensiven Umgebung sehr ermüdend und erschöpfend sein.

Meditation und genaue Untersuchung der emotional aufgeladenen Umgebung sind dann besonders wichtig, um sich vor dem Druck der Umgebung zu schützen. Meditation hilft, Streß und emotionale Energie zu kontrollieren und zu beruhigen. Sie gibt uns Zeit, zwischen den eigenen Gefühlen und den Emotionen anderer zu unterscheiden. Indem man das Selbst (vor allem die Emotionen) genau identifiziert, gibt man dem Schutzschild der Aura eine zusätzliche Schicht, man definiert »eigene Emotionen« und »externe Emotionen« und trennt diese beiden. Das hilft sehr, wenn man externe Emotionen an sich abprallen lassen möchte.

Die Aura und elektromagnetische Felder

Manchmal können elektromagnetische Felder am Schild der Aura zehren und ihn schwächen. Das passiert meistens bei Menschen, die mit Hochspannungsgeräten arbeiten oder in der Nähe von Hochspannungsleitungen wohnen. Wächst man unter diesen Bedingungen auf, hat sich der Schutzschild der Aura wahrscheinlich schon darauf eingestellt.

Für Menschen, die erst seit kurzer Zeit diesen Gegebenheiten ausgesetzt sind, kann das sehr belastend sein. In diesem Fall kann es helfen, elektromagnetische Feldenergie und persönliche Schutzenergie genau zu untersuchen, was der Aura vielleicht hilft, sich neu einzustellen. Es existieren Experimente, die versuchen, diese Feldenergie abzuziehen und sie in produktivere

Energieformen umzuwandeln. Mit einiger bewußter Übung ist es nicht sehr schwer, die Aura auf diese Energie einzustellen.

Aura und Empathie

Empathie ist die Fähigkeit, Empfindungen anderer Personen zu fühlen. Sie ist die verbreitetste aller spirituellen Fähigkeiten. Viele Menschen besitzen diese Fähigkeit, ohne sich darüber voll im klaren zu sein. Man bemerkt es vielleicht, wenn man das Gefühl hat, ein Freund sei verletzt oder in Schwierigkeiten, ohne wirklich physisch anwesend zu sein.

Empathie zeigt sich auch, wenn man ohne ersichtlichen Grund gestreßt ist, nur weil sich ein Freund in diesem Zustand befindet. Mit Übung kann man ohne zusätzliche Informationen sehr detaillierte Empfindungen verstehen lernen.

Eine empathische Verbindung wird hergestellt, indem man sich auf die Person, mit der man in Verbindung treten möchte, konzentriert. Verwenden Sie die ganz ähnliche Technik des Projizierens. Gehen Sie aber gedanklich nicht zu der Person, sondern fühlen Sie, wie sich Ihre Energien verbinden. Lassen Sie diese wachsen und stärker werden, lassen Sie Fäden oder Hände durch die Emotionen fließen, halten Sie diese zusammen.

Diese Emotionen fließen entweder nur in eine Richtung oder in beide, je nachdem, was Sie erreichen möchten. Öffnen Sie sich, um durch die Verbindung Bilder zu erhalten. Es kann sein, daß Sie die Emotionen fühlen, als ob es Ihre eigenen wären – vielleicht fühlen Sie sich davon nur etwas distanziert. Die Wahrnehmungen können auch als emotional aufgeladene Bilder oder nur als Gefühle erscheinen.

Sie werden wahrscheinlich mit der jeweiligen Wahrnehmungsform schon bald nach der Entstehung der Verbindung emotional vertraut werden. Wenn Sie Bilder erhalten, beachten Sie alle dazu passenden Details. Bemerken Sie auch feinere

Gefühle, die mit den sichtbaren Wahrnehmungen in Verbindung stehen. Beobachten Sie, wie die Person auf ihre eigenen Gefühle reagiert, wenn Sie diese empfangen. Beachten Sie, ob sich die Empfindungen verändern, wenn Sie Antworten auf Fragen erhalten, die Sie im Geist formulierten. Üben Sie, durch verschiedene Gefühlsbereiche zu navigieren, indem Sie Ihren Weg durch die in Verbindung stehenden Emotionen »fühlen«.

Es kann eine Zeit dauern, bis Sie lernen, diese Bewegungen zu kontrollieren. Diese Technik ist jedoch für die Auswahl der Informationen wichtig, die Sie empfangen möchten, und sie ist eine Voraussetzung für Telepathie.

Eine Verbindung zu schließen ist genauso wichtig, wie diese zu öffnen. Wenn Sie dazu bereit sind, stellen Sie sich vor, wie diese Kopplung langsam auseinandergeht und schließlich geschlossen wird. Wenn Sie versuchen, diese einfach auseinanderzureißen, kann das Schmerzen verursachen, so als ob eine Beziehung zu Ende gegangen ist. Es kann sogar in der Nähe des Herzens (dem Ort, an dem die Empathie zumeist die Verbindungen herstellt) physischen Schmerz verursachen. Seien Sie sanft mit empathischen Verbindungen, denn sie repräsentieren auch Ihr Verhältnis zu der Person am anderen Ende. Beide Menschen werden davon positiv oder negativ beeinflußt. Beobachtet man die natürliche empathische Verbindung zweier Menschen, kann das darüber Aufschluß geben, wie die beiden interagieren. (Das bedarf jedoch großer Übung.)

7.

Was ist so einzigartig an der menschlichen Aura?

Die menschliche Aura hat unter den psychischen Phänomenen einen besonderen Platz, weil wir teilweise in der irdischen und teilweise in der geistigen Welt leben. Unsere menschlichen Energiefelder verbinden die beiden Arten der Realität miteinander – die auf begrenzter, relativer Zeit basierende Realität und die spirituelle, ewige Realität. Die Vernachlässigung des Körperlichen bringt mentale Krankheiten, genauso wie die Vernachlässigung des Spirituellen Orientierungslosigkeit mit sich bringt.

Die spirituelle Welt liegt jenseits von Zeit und Raum. Daraus entstehen viele Konsequenzen. Bis jetzt haben nur wenige Wissenschaftler, selbst große Intellektuelle wie Albert Einstein, Nils Bohr oder Stephen Hawkings, nur einen Teil der Folgerungen festgehalten. Die Gedanken sind so weitreichend, daß es ein Leben lang dauern würde, ihre Ausdehnung wahrzunehmen.

Zum Beispiel gibt es in der spirituellen Welt keine Entfernungen, also kann man auch nicht von A nach B gehen. Zeit existiert ebenso nicht, also kann etwas nicht vor einem anderen Ereignis geschehen.

Ein spiritueller Mensch lebt nicht in der Zeit, sondern im Raum, und er konzentriert sich auf die Bereiche außerhalb des Intellekts, was uns an die Worte aus einem christlichen Gebetbuch erinnert: »Der Friede Gottes, der höher ist als alle Vernunft.«

Seelenfrieden wird durch die Verbindung zwischen der ewigen Welt des Geistes und der Seele und der zeitlichen Welt der physischen Materie erreicht. Beide spielen in unserer Evolution eine gleichwertige Rolle. Keine sollte zugunsten der anderen als unwesentlich abgetan werden, genauso wie der Dampfkessel nicht weniger wichtig ist als das Wasser in ihm.

Die Unterschiede und die sie ergänzenden Eigenschaften der Gesetze beider Welten sollte man verstehen. In der materiellen Welt, in der die Gesetze der Physik angewandt werden, zieht ein positiver Pol den negativen an und umgekehrt. Zwei positive Pole stoßen sich ab – ebenso zwei negative.

In der geistigen Welt gilt jedoch das Gesetz der Resonanz, wonach sich jeweils positive und negative Dinge anziehen. Gleiches zieht Gleiches an. Gute Gedanken ziehen gute Gedanken an, spirituelles Interesse zieht zu Menschen, die spirituell offen sind, und so fort.

Die Debatte zwischen Materie und Geist wird so lange weitergehen, solange der Mensch denken kann. Es existiert keine wissenschaftliche oder andere Methode, durch die man sicher sein kann, zwischen den gegensätzlichen Gefahren – zuviel oder zuwenig zu glauben – sicher hindurchzusteuern.

Wir müssen uns offensichtlich mit diesen Gefahren auseinandersetzen und den richtigen Weg zwischen ihnen finden, um zu Weisheit zu gelangen.

Wir können annehmen, daß es drei Grundsätze gibt.

Der erste Grundsatz: Der menschliche Körper gehört in die materielle Welt. Er ist sterblich und dem allmählichen Verfall sowie dem Tod preisgegeben. Aber niemand wäre ohne den zweiten Grundsatz am Leben.

Der zweite Grundsatz: Die spirituelle Basis – der bewegende Geist, der Lebensfunke – inspiriert den Körper vom Zeitpunkt der Geburt an bis zum Zeitpunkt des körperlichen Todes (wenn der Geist in eine neue Welt ohne physischen Körper »geboren« wird). Der Geist kann sich ohne eine Körper und Geist vereinende Basis nicht ausdrücken, und das führt zum dritten Grundsatz.

Der dritte Grundsatz: Die Seele vereint Geist und Körper in Harmonie und gehört in keine der beiden Welten. Damit ist die Essenz der menschlichen Seele gemeint, wie sie von vielen Philosophen und Poeten verehrt wird. Die menschliche Seele gehört weder zum spirituellen noch zum materiellen Bereich. Sie ist eine Substanz, die sich selbst genügt. Es ist eine Übersetzung, ein Weg, ein Medium zwischen den beiden Welten. Das ist der Grund, warum sie ewig und unsterblich ist und sein muß.

Tief innen erkennen wir die Wichtigkeit des innersten Teils unseres inneren Selbst an. Wir sprechen von einer »guten Seele«, einer »verwandten Seele«, er hat seine »Seele verkauft«, oder »mit Herz und Seele bei der Arbeit sein«.

Der Geist eines Menschen ist immer bei ihm, also in der Nähe seines Körpers, und zeigt im Gegensatz zu den anderen Aspekten keine Reaktion auf emotionale Veränderungen. Er ist von psychologischen Merkmalen und individuellen Prozessen abhängig. Wir sprechen von »geistreich« oder »geistlos« sein. Es ist interessant, wie die Beschreibung der Seele und des Geists mit den inneren und äußeren Schichten der Aura übereinstimmt.

Teil II
Die Chakras

8.

Was sind Chakras?

Chakras sind kreisförmige Energiewirbel, sie haben ein spezifisches Zentrum und erzeugen eine dynamische Kraft. Sie befinden sich im Körper, nicht als Teil des materiellen Körpers, sondern als übermaterielle Kraftform. Ein Chakra ist dem Körper wie ein Stempel aufgeprägt und ist durch herkömmliche wissenschaftliche Methoden nicht aufspürbar.

Durch seine subtilen Eigenschaften ist das Chakra für das Auge – auch mit Hilfe von hochsensiblen Instrumenten – nicht sichtbar. Jedoch kann man daraus resultierende Farben mit dem inneren Auge sehen.

Einige Wissenschaftler (z.B. Dr. Hiroshi Motoyama) nehmen für sich in Anspruch, mittels hochsensibler Scanning-Methoden Chakras sichtbar machen zu können, jedoch sind die Ergebnisse wohl eher Anzeichen elektrischer Felder des Nervengeflechts, die mit den Chakras in Beziehung stehen, als die Chakras selbst.

Das Wort »Chakra« bedeutet in Sanskrit »Rad« oder »Kreis«. Diese Kreiswirbel ziehen verschiedene Kräfte und Energien in den Körper. Jedes Chakra wird unterschiedlich dargestellt, u.a. werden Gottheiten, Farben, Symbole und Buchstaben verwendet, um die entsprechenden Eigenschaften und Energien zu symbolisieren.

Am häufigsten findet man das Symbol der Blume, was auch am passendsten erscheint, da sich das Chakra wie eine Blume entfalten sollte. Die Rosenkreuzer verwenden das Rosenkreuz, um den Menschen und seine Chakras darzustellen. Jede Rose im Kreuz steht für ein Chakra im subtilen Körper.

In Indien steht die Lotusblume als Symbol für Chakras. Chakras werden sogar oft als Lotus bezeichnet. Die Lotusblume hat ihre Wurzeln im Schlamm (in der materiellen Welt), der Stengel wächst durch das Wasser (durch die astrale oder emotionale

Welt), und die Blüte erhebt sich über das Wasser in die Luft (in
den Bereich des reinen Geistes).

In den Worten von C. G. Jung sind Chakras Tore zum Bewußtsein der Menschen, Empfangspunkte für den Energiestrom, der
aus dem Kosmos, dem Geist und der Seele des Menschen
kommt. Chakras sind an sich selbst nicht spirituell, sie sind einfach Teil eines unsichtbaren Körpers.

Natürlich existiert die Ansicht, die ganze Welt sei spirituell,
jedoch sind Chakras im speziellen und die Aura im allgemeinen
vom ethischen und spirituellen Standpunkt betrachtet neutrale
Dinge. Der Zustand des Chakras ist einfach Ausdruck des
Gleichgewichts oder auch Ausdruck des subtilen Körpers eines
Menschen.

Diese Wirbel werden als rotierende Energiekegel bezeichnet.
Ihre Mitte liegt in der Wirbelsäule, nicht im Fettgewebe davor.

Um uns physisch, emotional, mental und spirituell zu ernähren,
bekommen Chakras Energie aus dem allumfassenden Energiefeld, das um uns herum existiert. Abhängig von der Stärke
unserer Konstitution strahlen (oder reflektieren) sie jedoch auch
Energie.

Chakras kann man mit Computern vergleichen: sieben große
Computer, die von einigen kleineren umgeben sind. Jedes einzelne ist darauf programmiert, die Realität zu interpretieren.
Mentale und physische Krankheiten treten auf, wenn verschiedene Chakras unterschiedliche Botschaften oder Muster aus-
senden oder erhalten.

Zusätzlich zur Blutzirkulation und zur Existenz vieler Millionen
von Nerven beschreibt die chinesische Medizin über 70 000
Hauptenergiewege – die Akupunktur-Meridiane, die in der indi-
schen Medizin Nadis heißen. Über diese Energiebahnen läuft
Elektrizität durch unseren Körper, Millionen kleiner Wege trans-
portieren diese verschiedenen Energiemengen.

Warum sind Chakras von Interesse?

Unser normales Körperbewußtsein beschränkt sich im wesentlichen auf den physischen Körper. Wir sind durch die momentan herrschenden Glaubenssysteme und Wertvorstellungen so konditioniert, daß wir vergessen, daß es noch andere, natürliche Betrachtungsweisen gibt, die den mechanistisch bestimmten Glauben erweitern, unser Verstand werde von chemischen und physikalischen Reaktionen in unserem physischen Körper reguliert.

Es ist schade, daß wir die Naturwissenschaft und den metaphysischen Ansatz erst ins Gleichgewicht bringen müssen – denn noch sind diese beiden Weltanschauungen entgegengesetzt.

Wir kennen alle die Hilflosigkeit eines Menschen, der kein Ei kochen kann, hilflos vor einer herausgesprungenen Sicherung steht oder der nicht weiß, was sich unter der Motorhaube seines Autos befindet. Das sind Beispiele der Unzulänglichkeit in der physischen Welt. Inkompetenz in der spirituellen Welt ist indes genauso gefährlich. Wenn wir selbst unsere Energien sind und diese einen lebenswichtigen Teil unserer Lebensqualität ausmachen, müssen wir uns selbst verstehen, um in dieser Welt funktionieren zu können.

Die Wirbelsäule bildet die Hauptachse, um die sich das elektromagnetische Energiefeld legt. Der Nordpol des menschlichen Energiefelds befindet sich in der Gehirnkammer, der Südpol an der Basis der Wirbelsäule.

Wenn sich Verstand, Körper, Seele und Geist in Harmonie befinden, verlaufen die Energiewege parallel, wirken aufeinander und verstärken sich gegenseitig. Die verschiedenen Energiespannungen müssen miteinander und mit dem Universum harmonisieren. Falls und wenn das erreicht wird, befindet sich ein Mensch mit sich selbst und dem Universum in Frieden, und er

wird all jene Personen, Situationen und Karmas anziehen, die er
für die Weiterentwicklung seines Selbst benötigt.

Was ist der Unterschied zwischen Aura und Chakras?

Aura und Chakras sind Teile eines Zwischenstücks, das sich zwischen der unsichtbaren spirituellen Welt und der sichtbaren,
temporären Welt befindet. Ein Teil unterliegt den Grenzen der
Zeit, der andere ist davon unabhängig. Sie haben die Form sehr
subtiler Schwingungen, vergleichbar mit einem alles umfassenden Gas, das alles und jeden durchdringt.

Die Aura ist die Summe aller vergangenen und gegenwärti-
gen Schwingungen. Sie ist ein Zustand der Ganzheit. Details der
Aura werden in den Chakras angezeigt. Deren strömende Energien bilden und reflektieren die Aura.

Ein Chakra kann nicht für sich alleine bewertet werden. Jedes
Chakra beeinflußt die anderen. Man kann nichts, das mit Energie zu tun hat, teilen oder in getrennte Bereiche einordnen.

9.

Die sieben Hauptchakras

Es gibt sieben Energiezentren, die sich auf verschiedene Bewußtseinsebenen und -aspekte beziehen. Bevor wir uns näher damit beschäftigen, möchte ich betonen, daß kein Chakra besser ist als das andere. Ohne die tiefer liegenden Chakras könnten wir in der Welt nicht existieren. Der Schlüssel liegt darin, sie zu verstehen und kreativ zu verwenden. Man findet die Chakras an folgenden Stellen:

Das erste Chakra

Es ist das Wurzel- oder Muladhara-Chakra, das sich am Perinäum (Dammbereich), also zwischen dem Anus und den Genitalien, befindet. Es besteht aus vier Blütenblättern, deren Farben von der Interpretation durch die verschiedenen Gedankenschulen abhängt. Die Farben können ein leuchtendes Rot oder Gold, Gelb oder Gold oder Rot wie die Jawablume sein. Dieses Chakra wirkt wie die Adrenalindrüsen nach außen und beherrscht das Rückgrat und die Nieren. Es beeinflußt alle Zellen des Körpers. Es repräsentiert den physischen Körper und die Bedürfnisse der physischen Welt, mit einem Wort also: das Überleben. Es bezieht sich auf die fundamentalsten Abläufe der physikalischen Erhaltung und des allgemeinen Wohlbefindens. Wir sprechen davon, »zur Wurzel eines Problems vorzudringen«. Das heißt, wir versuchen, die wahre Kettenreaktion von Ursache und Wirkung zu erkennen.

Die beiden ersten Hauptchakras sind mit Sexualität und unbewußten Motivationen verbunden.

Auf der psychologischen Ebene beschäftigt sich das Wur-

zelchakra mit dem Problem der Inkarnation. Bevor wir uns ver-
körpern, müssen wir unsere Situation akzeptieren, erst dann
werden wir allmählich verwurzelt. Das ist auch der Grund,
warum Spielerfahrungen für Kinder so wichtig sind. Spielen
fördert verständnisvolles Denken und die Fähigkeit, später
Beziehungen aufzubauen.

Verschiedene negative psychische Zustände werden mit diesem Chakra in Verbindung gebracht: Streß, Ängste, Unsicher-
heit oder Hyperaktivität.

Auf der positiven Seite finden wir Ruhe, die Fähigkeit, Spannungen abzubauen oder energisch und stark zu sein.

Das zweite Chakra

Das Sakral-, Hara- oder Todeszentrum befindet sich auf gleicher
Ebene mit dem Steißbein über dem Wurzelchakra. Man nennt es
das Svadisthana-Chakra. Es ist mit dem sexuellen und repro-
duktiven Bereich verbunden und beschäftigt sich mit den intim-
sten und persönlichsten Aspekten des Seins. In unserer modernen Welt wird dieses Chakra am häufigsten mißbraucht. Ist es
geöffnet, sind tiefe zwischenmenschliche Beziehungen und Verbindungen möglich. Ist es geschlossen, bleiben Gefühl und
Sexualität getrennt. Das geschlossene Chakra bildet eine Bar-
riere, eine geschlossene Tür für die Fähigkeit zu teilen, für Intimität und für die echte Bereitschaft, eine andere Person kennen-
zulernen.

Dieses Chakra beschäftigt sich nicht mit sexueller Begegnung
an sich, sondern mit dem Austausch von Intimitäten und dem
Austausch subtiler Energien, die bereichern und nähren.

Negative psychische Folgen eines blockierten Sakral-Chakras
sind Frustration, Ärger, Aggression, geringer Selbstwert, Unterdrückung der sexuellen Energie, emotionale Blockaden, Depression.

Auf der positiven Seite finden wir Kreativität, Initiative, Integration der Gefühle und die Fähigkeit, sich mit anderen eng verbunden zu fühlen.

Das dritte Chakra

Es wird Manipura-Chakra genannt, was soviel bedeutet wie »Stadt des Juwels« oder »mit Juwelen gefüllt«. Es befindet sich im Solarplexus. Dem entsprechen die Nebennieren, die Kampf- oder Fluchthormone, mit deren Verbindung zu Angst, kurzfristigem Streß, »guten Reaktionen« und der Verdauung. Die Funktion der Nebennieren ist auf der physischen Ebene in vielen Belangen eng mit der Zirbeldrüse gekoppelt.

Das dritte Chakra ist das Zentrum aller Empfindungen und Emotionen und bereichert den Wert des Lebens. Wir drücken uns durch Lachen und Weinen aus – Tiere können das nicht. Die Tendenz der modernen Menschen, solche Emotionen zu unterdrücken und vorzugeben, perfekt zu sein, verhindert die Entwicklung dieses Energiezentrums. Das gut angepaßte Energiezentrum bietet uns eine leichte Verbindung zwischen Denken und Fühlen.

Negative Wirkungen sind Trauer, Depression, emotionale Probleme und Störungen oder die Unfähigkeit, Streß abzubauen.

Ein positiver Ausdruck ist die Fähigkeit, Emotionen auszugleichen, und als Folge daraus das emotionale Wohlbefinden, die emotionale Sicherheit.

Diese drei unteren Chakras stellen die »Schnittstelle« zum physischen Leben dar. Um eine höhere Bewußtseinsebene zu erreichen, müssen sie in sich und miteinander harmonieren. Wir müssen uns unseres groben materiellen Körpers bewußt sein und damit sinnvoll umgehen können. Wenn wir das nicht können, sind wir auch nicht in der Lage, uns den unsichtbaren, subtilen Körper bewußtzumachen.

Wenn wir uns auf unseren physischen Körper und seine

Bedürfnisse fixieren und konzentrieren, werden wir als menschliche Wesen schlummern. Dieser Körper ist nicht das Ziel selbst, sondern ein Mittel zum Ziel.

Emotionen, wie z.B. Ärger, muß man annehmen. Ärger entsteht im Gehirn, manifestiert sich aber im physischen Körper. Drüsen geben Hormone ab. Der Herzschlag steigt. Es gibt Ärger an sich und dann die Manifestation des Ärgers. Wir können versuchen, die Symptome zu kontrollieren. Das bezeichnet man dann als Unterdrückung, leider bleibt jedoch die Ursache des Ärgers dabei bestehen und vergiftet die anderen Chakras. Wir werden uns der Existenz von Emotionen wie z.B. Liebe, Angst oder Ärger oft erst in fortgeschrittenem Stadium bewußt – und manchmal erst, wenn wir jemanden verletzen. Der Akt des Verletzens beginnt in unserem ätherischen Körper, und es zeichnet eine entwickelte Person aus, wenn sie ihre Sensibilität benutzt, um ein Schrumpfen oder eine Verzerrung im Bereich der Gefühlserzeugung festzustellen.

Wenn wir unter Bedingungen leben, die den ätherischen Körper klar werden lassen, dann wird Harmonie folgen. Wenn wir unter Bedingungen leben, die den ätherischen Körper verzerren, dann wird Disharmonie vorherrschen. Allmählich wird daraus ein Gefängnis entstehen, aus dem der Mensch nicht mehr entkommen kann.

Das vierte Chakra

Das ist das Anahata-Chakra. Es ist das Zentrum des Herzens. Das Herz-Zentrum befindet sich in der Mitte, drei Energiezentren liegen darüber und drei darunter. Es symbolisiert den Übergang zwischen Materialismus und Spiritualität oder die Tür zwischen dem niederen und dem höheren Bewußtsein. Das Herz ist das Zentrum der lautlosen Töne. Im Herzen gibt es kein Wort – es ist wortlos.

Das Herz ist nicht physisch. Es ist der Platz, an dem Liebe entsteht. Es ist nicht sentimental. Empfindungen sind vorübergehend. In der modernen westlichen Welt werden Empfindungen
und Liebe oft miteinander verwechselt. Liebe ist eine Fähigkeit.
Empfindungen sind Wahrnehmungen – wie z. B. Eiscreme essen.
Der wortlose Dialog zwischen zwei Herzen ist zeitlos und
sprachlos. Es ist wichtig, sich Zeit zu nehmen und das Herz
genau zu betrachten, denn in fast jedem spirituellen Glaubenssystem wird ihm und der Kraft der Liebe wichtige Bedeutung
beigemessen. Große Lehrer und Philosophen vertreten die
Ansicht, wir befänden uns auf diesem Planeten nur, um zu lernen, wie man liebt, und um unsere Erfahrungen mit der Kraft
der Liebe zu verwandeln. Liebe ist eine transformierende Kraft.

Lieben und Vergeben – uns selbst oder anderen Menschen – haben den tiefgreifendsten Einfluß auf unser Leben, auf die physische Gesundheit, die emotionale und mentale Verfassung und
unsere Spiritualität. Das Herz ist tatsächlich ein wichtiges Instrument der Verwandlung, das in der Lage ist, Leidenschaft für den
menschlichen Zustand zu zeigen, und das die Energie, die durch
das Herz fließt, in neue, höhere Frequenzen umwandeln kann.
Diese höhere Frequenz ist mit einem höheren Bewußtsein
gleichzusetzen. Das ist auch der Grund, warum man das Herzchakra eine Brücke nennt: die Brücke zwischen den drei unteren, niederen Chakras, deren Energien mit dem Leben in der
materiellen Welt beschäftigt sind, und den drei oberen Chakras,
deren Energie höhere Schwingungen aufweist und die mit der
Welt des Geistes in Verbindung stehen.

Ist das Herzchakra geschlossen, fließt die Energie eines Ereignisses ständig durch die unteren drei Chakras zurück. Langsam
fängt die dadurch entstehende negative Energie an, uns zu
gefallen. Sie kann uns Macht über Menschen oder Charisma
verleihen, oder sie läßt uns unseren Ärger ständig in unange-
brachter Weise entladen.

Ist das Herz geschlossen, können wir nicht an die vergebende Energie herankommen, und wir entscheiden uns – bewußt oder unbewußt –, das Ereignis nicht loszulassen. Als Konsequenz gibt es keine Loslösung; die Erfahrungen bleiben in unseren Energiefeldern und in unserem Leben als unerledigte Dinge bestehen.

Die Energien der drei niederen Chakras werden zu den negativen Einstellungs- und Verhaltensmustern umgeleitet, die durch das Ereignis ausgelöst wurden. Wenn man Energie in diese negativen Muster abgibt, nimmt man sie gleichzeitig vom gesunden physischen Körper, vom gesunden emotionalen und mentalen Zustand und von der gesunden Spiritualität weg. Wenn wir sagen, wir können etwas nicht vergeben, bezahlen wir das letztendlich mit der Schädigung unseres Zellgewebes und mit der Störung unseres Seelenfriedens.

Das Öffnen des Herzchakras hat eine reinigende Wirkung auf die hindurchfließende Energie, gleichzeitig steht diese Energie dann zur Verfügung, um die oberen drei Chakras zu durchströmen. Das fünfte oder Halschakra bringt uns zu einem gesteigerten Selbst-Bewußtsein. Es verlangt von uns, die Wahrheit zu sagen, und ein Teil dieser Wahrheiten ist die Akzeptanz unserer eigenen Belange, unserer negativen Verhaltensweisen und unserer Masken der Welt gegenüber. Die Energie des Willens findet man ebenso im Halschakra.

Wenn das Halschakra die Wahrheit spricht, beginnt das sechste Chakra – das innere Auge – die Wahrheit zu sehen. Auf der physischen Ebene reguliert das sechste Chakra die Sehorgane – die Augen; es hat auch mit Einsicht zu tun und mit dem Betrachten von Ereignissen und ihren symbolischen Bedeutungen, nicht nur im buchstäblichen Sinn. Die symbolische Interpretation von Ereignissen ermöglicht uns, diese auf einer tieferen, einer bewußteren Ebene zu verstehen. Auf gewisse Weise hat das mit dem linearen Gehirn wenig zu tun, wir verstehen Dinge von einer erweiterten Perspektive aus. Es ist so, als ob wir aus unserem Leben steigen könnten, um zu sehen, daß all die

Dinge, die wir erleben, nur dazu da sind, uns wachsen zu lassen. Wir finden Sinn und Einsicht in unserem Leben.

Diese vierte Ebene ist der mentale Körper oder die Psyche. Das vierte Chakra, das Anahata- oder Herzchakra, ist mit dem vierten Körper verbunden. Die Eigenschaften dieser Ebene sind Phantasie und Träume. Die Entwicklung und Reifung der Phantasie manifestiert den Willen oder die spirituelle Vision. Die visionäre Person wird nicht länger durch Zeit und Raum begrenzt.

Ein negatives Merkmal, an dem man arbeiten muß, sind emotionale Extreme, vor allem in bezug auf Beziehungen.

Ein positives Merkmal ist die Fähigkeit, mit sozialen Beziehungen gut umzugehen und Harmonie, allgemeine Reife und Unabhängigkeit zu erlangen.

Das fünfte Chakra

Das fünfte Chakra ist das Hals- oder Visuddha-Chakra. Es ist das reichste Chakra und wird durch Reinheit symbolisiert – es ist die Anhäufung der menschlichen Wirkungen, der Gipfel der Liebe, der Leidenschaft, einfach alles, was der Mühe wert ist, und das Tor zum Bereich der Selbstlosigkeit. Um hierher zu gelangen, waren Arbeit und Anstrengungen wichtig, sind nun aber schon fast überflüssig. »Methoden« oder »Techniken« sind in diesem Chakra nicht mehr anwendbar. Dem entspricht der ätherische Körper. Jede Dualität zwischen Verstand und Seele endet im fünften »Chakra-Körper«. Diese fünfte Ebene ist nicht dual. Um diesen Bereich zu entwickeln, muß man nur dorthin gelangen.

Negative psychologische Merkmale sind Introvertiertheit, das Fehlen der Fähigkeit, sich und seine Gefühle auszudrücken.

Positive Merkmale sind ein starkes Interesse an spirituellen Themen. Beziehungen verbessern sich, denn jeder sieht sich selbst als Quelle von Kreativität und lehnt sich nicht an andere Personen an.

Im Hals befinden sich die Schilddrüse und die Nebenschilddrüsen, die mit dem Stoffwechsel und mit Streß in Verbindung stehen. Je höher die Stoffwechselwerte und der chronische Streß, desto früher stirbt man. Über die Schilddrüse sind wir mit der Dauer des Lebens verbunden – man kann das Leben durch Vermindern von Stoffwechselbelastungen und Streß verlängern.

Das sechste Chakra

Dieses ist das Augenbrauen- oder Ajna-Chakra. Ajna bedeutet »Ordnung, Reihenfolge«. Um Meister dieses Chakras zu sein, müssen wir unser eigenes Leben meistern und nicht dessen Sklave sein. Hier endet rituelle Religion, und hier beginnt die eigene, innere, mystische Erfahrung. Wir kontrollieren den Informationsfluß zu und von unserem Dritten Auge, der Wille kann mit Klarheit und Reinheit verwendet werden. In der Praxis sind wir Untergebene des Hin- und Hergerangels unserer Wünsche auf den niederen Ebenen – nur wenige erreichen die Aufrichtigkeit und Zielstrebigkeit, die für die Meisterung dieser Ebene notwendig ist. Unser höherer Wille reflektiert eher den göttlichen Willen als unser Ego.

Das sechste Chakra ist das »Brahma Sharira« und ist mit dem kosmischen Körper verbunden. Dessen Ausdruck ist die Wahrnehmung des Bewußtseins. Dieses Bewußtsein ist nicht über »mich« – es ist nur Bewußtsein, nicht »unsere« Existenz – sondern nur Existenz.

Wie untersuchen wir die Aktivitäten dieses Chakras? Das ist mit den westlichen wissenschaftlichen Methoden sehr schwierig, obwohl man sie andeutungsweise sehen kann, wenn man das individuelle Sein eliminiert. Jene Menschen, die in diesem Chakra arbeiten, beschreiben eine große Unendlichkeit. Hier ist der Blickpunkt auf das Unendliche, das Kosmische gerichtet.

Negative Merkmale sind Erholung von der Realität in der

Phantasie, mentale Störungen und Probleme, die durch wahllose Wahrnehmung von nicht hilfreichen externen Gedankenmustern kommen.

Im Positiven hat die Person die Fähigkeit zu kreativer Visualisierung, Einsicht, Verständnis, Inspiration, Intuition und einem klaren Geist.

Das siebte Chakra

Das siebte Chakra ist das Kronen- oder Sahasrara-Chakra. Es ist das letzte, denn wenn Sie hierher gelangen, haben Sie sogar die Welt der Kausalität durchquert. Sie sind zur ursprünglichen Quelle gekommen. Keine Methodologie der menschlichen Welt kann hier hilfreich sein, sie wäre sogar ein Hindernis. Vom Standpunkt des praktischen Lebens aus kann diese Reise sehr einsam sein. Um in diesen Bereich zu gelangen, muß man einen Geist ohne Wünsche oder Erwartungen haben. Man darf sich nach nichts sehnen, nichts wünschen, nichts suchen – nicht einmal Gott. Es gibt auf dieser Ebene keine Objekte – nur Sein.

Die Gefahren hier sind das Schließen des höheren Selbst, kein Interesse mehr an der Welt zu haben.

Positiv hat man das Gefühl der Erfüllung, der Vervollkommnung, der Integration, der Ausrichtung auf Gott und die höheren Energien. Es ist die Öffnung des »Höheren Selbst«.

Sahasrara bedeutet »tausendblättrige Lotusblume«. Auf dieser von nur wenigen erreichten Ebene werden wir zu dieser Lotusblume und müssen zu keiner anderen Blume gehen, um Honig zu holen. Die anderen Bienen kommen von überall auf der Erde und sogar von noch weiter zu uns. Die östlichen Mystiker bezeichnen das manchmal als Nirwana. Ein Mensch, der es erreicht hat, besitzt Intelligenz, die mit der Spitze eines Maibaums vergleichbar ist, der durch Bänder mit all denen, die diese am Boden halten, verbunden ist. Es hat mit der Fähigkeit zu tun, Dinge zusam-

menzubringen, zu vereinen, zusammenzufassen. Mit solcher
Intelligenz findet die Analyse sofort und instinktiv statt. Wie bei
Gott gibt es keine Zeit- oder Raumgrenzen.

Um diese Ebene zu erreichen, muß man vom Sein zum Nicht-
Sein gelangen. Manche betrachten dieses Nicht-Sein als Leere.
Es existiert keine Kraft oder Komplexität. In dieser Ebene ist
alles Absolute gefangen.

Wie wichtig ist Zeit für die Chakras? Zeit ist im selben Ausmaß
für das Grundchakra relevant, wie es für das Kronenchakra irre-
levant ist. Hier versteht man das Wort »Erhabenheit« – es fehlen
Zeit und Raum. Ich nehme an, die »Hölle« ist in Zeit und Raum
gefangen, da unsere Aura von Natur aus das sich frei bewegende Zwischenstück zwischen unserer zeitlich begrenzten Seite
und unserer unsterblichen, ewigen Seite ist.

Gibt es darüber hinaus noch Chakras? Einige Autoren berichten
vom »Sternenweg«, der sich ca. 30 cm über dem Kopf befinden
soll. Es handle sich dabei um das höchste Chakra, das in das
menschliche System eingebunden werden könne. Es werde
durch zwei wichtige Elemente aktiviert. Zum einen von den
vitalisierenden, kosmischen Energien, von den Strahlen der
großen, zentralen Sonne, die unser Planet und alle Lebewesen
empfangen. Zum zweiten benötige man die Kraft des menschlichen Willens – konzentriert auf die bewußte Absicht, den Sternenweg neu in Funktion treten zu lassen. Mit diesen beiden
Komponenten könne ein menschliches Wesen sich und alle
Abläufe spirituell versorgen, indem es die Verbindung zum göttlichen Unpersönlichen herstelle.

Unsere Einstellung zu den Chakras

Vergegenwärtigen wir uns noch einmal: Chakras selbst sind
nicht spirituell. Sie bewegen sich zwischen unseren sterblichen,

temporären Aspekten und unseren wenigen realen, ewigen Aspekten.

Nehmen wir einmal an, es gibt für alles Praktische sieben Chakras, in denen alle Mittel aber auch Barrieren zur Selbsterfüllung liegen. Barrieren sind sehr hilfreiche Einrichtungen: Wenn wir sie einmal überwunden oder umgewandelt haben, werden sie zu Mitteln und Wegen des Fortschritts.

Wo liegen diese Barrieren? Es gibt keine »äußerlichen« Barrieren, daher gibt es auch wenig Grund, außerhalb zu suchen. Mit Alkohol und Drogen z.B. versucht man, Harmonie in die inneren Bereiche zu bringen. Das ist vergleichbar mit einem Bettler, der um Geld bittet, während er Millionen auf einem Bankkonto hat und diese nicht anrührt. Wenn wir diese Reichtümer – die uns als Folge unser Bewußtwerdung zur Verfügung stehen können – ignorieren, ist es so, als ob wir auf einem Stand lebten, der nur etwas besser ist als der eines Tieres. Träume, die wir immer wieder haben, Visionen, müssen als Streben und evolutionäre Ausbildung entwickelt werden. Diese Eigenschaft hat eine entwickelte Seele.

Welche Funktionen haben Chakras?

Chakras haben zwei Hauptaufgaben. Sie berichten über den Zustand der physischen, mentalen, emotionalen und spirituellen Gesundheit des Menschen. Weiter informieren sie über und schwingen mit den Chakras anderer Lebewesen.

Wir können mit allen anderen Lebewesen und nicht lebenden Dingen, mit Pflanzen und Tieren in Verbindung treten, im Menschen ist der Bereich der Resonanz aber am vollständigsten ausgebildet. Die Beschädigung eines Chakras ist das Schlimmste, was in bezug auf unsere Lebensqualität passieren kann.

Meine berufliche Arbeit besteht darin, Chakras zu analysieren und den Klienten eine Reihe von Empfehlungen zu geben.

Obwohl das Zusammenspiel der Chakras immer ein Mysterium bleiben wird, kann man einige funktionierende Hypothesen aufstellen. Chakras sind nicht nur Anzeichen – wie z.B. Verkehrsampeln. Jedes Chakra sendet auch rund um die Uhr eigene, bestimmte Energiemuster aus.

Will man eigene Chakras untersuchen, setzt das ein bestimmtes Maß an Objektivität voraus, das die meisten von uns allerding nicht besitzen. Daher ist es besser, sich von jemand anderem untersuchen zu lassen. Diese Ausführungen sind für Menschen auf dem Weg der Selbstfindung gedacht.

Um vollständig in den Beobachtungsmodus zu gelangen, müssen wir uns in einen alternativen Realitätszustand versetzen. Das beinhaltet ein Dominieren des Alpha-Wellen-Zustandes in unserem Gehirn. Ein nicht richtungsgebender, meditativer Zustand ist der Schlüssel zu den anderen Realitäten. Man nimmt an, daß sich diese in der rechten Gehirnhälfte befinden. Das bedeutet aber nicht, daß die linke Gehirnhälfte – der Denkmodus – total betäubt werden sollte – die beiden Gehirnhälften sollten sich vielmehr im Gleichklang befinden. Der ruhige Verstand läßt kontraproduktive Glaubensmuster, Spannungszustände im Körper und andere schlechte Angewohnheiten los und ermöglicht uns dadurch die Wiedererlangung normaler, gesunder Funktionen. In diesem Stadium haben Verstand, Materie und Zeit andere Beziehungen als in der alltäglichen Realität der Sinne. Angespannte Menschen sind sehr selten in der Lage, die Aura zu sehen oder andere subtile Energien zu entdecken.

Wirkung von Drogen und Medikamenten

Chakras arbeiten von Natur aus sehr subtil. Die Wirkungsweise der allopathischen Medizin beruht darauf, von außen in den Körper einzugreifen, das chemische Gleichgewicht des Körpers wieder anzupassen und die Botschaften vom Nervensystem zum Schmerzzentrum zu unterdrücken.

Drogen beeinflussen Chakras und Aura sehr. In meiner klinischen Erfahrung habe ich schon vor mehr als 20 Jahren Langzeiteffekte der Drogen festgestellt. Wird das Kronenchakra erst einmal überstimuliert, erholt es sich lange nicht. Es neigt sich aus seiner vertikalen Ausrichtung, der Mensch ist in seiner Identität verwirrt. Andere Drogenerfahrungen fühle ich als »Nadelstiche« oder sehr kleine Löcher in der Aura, die man reparieren oder heilen muß. Der Mensch ist sich deren Existenz oft nicht einmal bewußt.

Manche Personen beobachteten dunkle Energieformen auf der Leber, die von früherem Drogenmißbrauch übriggeblieben waren. Hepatitis hinterläßt, nach der vermeintlichen Heilung der Krankheit, orangegelbe Farben auf der Leber. Chemotherapie verstopft das ganze aurische Feld und im speziellen die Leber. Strahlungstherapien verändern die strukturierten Schichten des aurischen Feldes und hinterlassen diese verbrannt und zerrissen. Wenn man sich darum nicht kümmert, wird es dem physischen Körper sehr viel schwerer fallen, sich zu heilen. Unterschiedliche Krankheiten beeinflussen verschiedene Chakras. Aids verstopft das Grund- und Wurzelchakra, manchmal sogar das ganze aurische Feld, je nachdem, wie weit die Krankheit fortgeschritten ist. Zerrissene Chakras werden mit Krebs in Verbindung gebracht, was den Patienten gegenüber äußerlichen Einflüssen viel verletzbarer werden läßt.

10.

Aufbau und Stärkung der Chakras

Übungen zur Stärkung der Aura verlangen, daß wir uns und unsere Beziehungen betrachten. Chakra-Arbeit beschäftigt sich mehr mit den Details und ist im Normalfall sehr viel technischer. Zum Beispiel ist das Solarplexus-Chakra meist zerrissen, wenn eine Beziehung unharmonisch endete.

Der allgemeine Eindruck ist nun, daß wir das Gesetz des Lebens erfüllen, indem wir das dreifältige tiefere Selbst der drei unteren Chakras reinigen und die anderen, höheren Chakras unterstützen, wodurch sich die Zentren langsam und automatisch entfalten.

Indem man ganz bewußt versucht, die Chakras zu öffnen und deren Arbeit z.B. durch »Chanten« (Singen religiös ausgerichteter Gesänge oder Laute wie »Om«) oder durch esoterische Übungen wie Atemtechniken, Visualisationen, Phantasiereisen usw. zu intensivieren, kann es passieren, daß die Person durch ihr Unwissen Energien freisetzt, die das physische Gewebe des Körpers – vor allem des Gehirns und des Nervensystems – zerreißen oder ihm Schaden zufügen, was zu physischer und emotionaler Instabilität führen kann.

Der Schlüssel zur Öffnung der Zentren liegt ganz einfach in einer stetigen Orientierung auf die Seele und in einer Aufgeschlossenheit für Seelenkontakt, der durch selbstlosen Dienst für andere Menschen und Lebewesen Ausdruck findet.

Die spirituelle Auraheilung ist vielleicht die erfreulichste, am längsten wirkende, herausforderndste spirituelle Fähigkeit. Es ist ein wunderbares Gefühl – sowohl für den Heiler als auch für den Patienten – zu heilen, und eine großartige Freundschaft und tiefes Mitgefühl können entstehen. Die Heilung kann auch in Frieden und dem Gefühl resultieren, mit dem Universum in Verbindung zu stehen. Die Vorteile fühlt man gleich zu Beginn, die Fähigkeiten verbessern sich von Jahr zu Jahr, es ist eine ständige Herausforderung zu wachsen.

Es gibt viele Formen der spirituellen Heilung – basierend sowohl auf westlichen als auch auf östlichen Philosophien. Chakra-Arbeit und Aura-Heilung werden hier in einem grundsätzlichen Überblick behandelt.

Gleich, welche Form der Heilung angewandt wird, der Heiler muß seine eigenen Bedürfnisse vor die der anderen stellen! Wenn er sich nur um die Heilung anderer kümmert und nicht um seine eigene, wird er schnell ausgelaugt sein. Andere zu heilen sollte nicht als Möglichkeit gesehen werden, eigene Probleme zu verdrängen. Die Heilung anderer kann dazu beitragen, mit dem eigenen Selbst umzugehen, man darf es jedoch nicht so ausschließlich tun, daß der Heiler ermüdet und dadurch eine geringere Lebensqualität hat. Falsche Selbstaufopferung hilft auf lange Sicht niemandem. Ein gesunder Heiler kann viel mehr ausrichten als ein kranker.

Blockaden in einem bestimmten Chakra – entweder emotional oder durch Verletzungen verursacht – lassen oft Probleme in dem dazugehörenden Lebensbereich entstehen. Reinigung und Versorgung des Chakras mit neuer Energie helfen, diese Probleme zu überwinden. Man kann nur eine gute, zusammengesetzte Struktur – in anderen Worten, also eine gute Aura – haben, wenn man über Integration der einzelnen Chakras verfügt.

Durch die Chakras, das Nervengeflecht und das feine Netz der Nerven registrieren wir den Energiefluß und die Energiekräfte, die von vielen Quellen ausgehend durch das Universum fließen. Zur gleichen Zeit beeindrucken Energien aus der mentalen, emotionalen und ätherischen Umwelt den Menschen. Während seine spirituelle Entfaltung voranschreitet, wird er sich der Kräfte, die von seiner Seele ausgehend zu ihm kommen und mit dem freien Willen gekoppelt sind, immer bewußter.

Chakras empfangen und senden Energie zu kreativen und destruktiven Zwecken. Eine Person, die durch ihren unkontrollierten, aber hochentwickelten Solarplexus arbeitet, verursacht in ihrer Umgebung Zerstörung. Ein anderer Mensch, der durch das Hals- oder das Herzchakra kreativ arbeitet, strahlt Frieden und Harmonie aus, so daß andere dadurch aufgerichtet werden und durch seine Anwesenheit ruhig inspiriert sind.

Aura und Chakras im Gleichgewicht

Im Verlauf der Zeit habe ich die Fähigkeit entwickelt, die Aura und die Chakras anderer Menschen zu erspüren und die Ergebnisse dann anhand einer Skala zu vermessen. Die Skala reicht von 1 (geschlossen) bis 10 (offen) – die Chakras und ihre relative Öffnung sagen mir alles, was ich wissen muß, um die Integration des Chakrasystems zu bewerten.

Das Ziel ist ein ausgeglichenes System. Offenheit an sich ist von geringerem Wert. Es hat auch wenig Sinn, wenn ein offenes Kronenchakra oder Drittes Auge vorhanden ist, die anderen Chakras aber dicht geschlossen sind und dies nicht unterstützen.

Es ist gefährlich, im spirituellen Bereich zu ehrgeizig oder zu träge zu sein. Hier nun meine Erfahrungswerte, was es bedeutet, wenn die Chakras offen, ausgeglichen bzw. neutral oder geschlossen sind.

Die Zustände der Chakras und ihre Bedeutung

Kronenchakra geöffnet
Ein offenes Kronenchakra findet man nur bei relativ wenigen Menschen. Es steht in Verbindung mit hoher spiritueller Entwicklung, einer fast wunderbaren Liebe zu den Mitmenschen. Dieser Zustand wird selten erreicht.

Kronenchakra ausgeglichen

Das zeigt die Fähigkeit und den Wunsch, unserem Schöpfer zu vertrauen, daß er unsere Bedürfnisse befriedigt. Für diese Menschen wird immer gesorgt, vorausgesetzt, sie glauben an ihren Schöpfer und erhalten ihre Integrität. Sie wissen instinktiv, was richtig ist, und haben ein gut entwickeltes Gewissen.

Kronenchakra geschlossen

Dieser Mensch hat seinen spirituellen Weg verloren, er lehnt Gott ab. Oft findet man ehemalige Katholiken in dieser Kategorie. In manchen anderen Fällen ist der Wunsch zu glauben vorhanden, wird jedoch nicht durch den Enthusiasmus und den Glauben anderer angefacht. Denn Glaube kann meist nicht in der Einsamkeit stattfinden, zumindest nicht, bis der Mensch stark genug dazu ist.

Augenchakra geöffnet

Wenn er nicht von anderen Chakras unterstützt wird, kann dieser Zustand sehr gefährlich sein. Ich habe festgestellt, daß sich die Wahrnehmung durch Übungen steigern läßt. Die Zirbeldrüse ist ein kraftvolles Organ, das man respektieren sollte. Ihre Entwicklung darf auf keinen Fall erzwungen werden. Sie wird sich entwickeln, wenn die Aura mit den empfangenen Informationsmengen besser umgehen kann. Eine instabile Person nimmt Unmengen an Informationen von anderen auf – die nicht unbedingt immer wünschenswert oder günstig sind. Es ist besser, wenn das Dritte Auge hinter der Entwicklung der anderen Chakras (z.B. des Herzchakras) »hinterherhinkt«, als daß es deren Entwicklung anführt.

Augenchakra ausgeglichen

Der ideale Zustand. Diese Person ist in der Lage, ohne verbale Kommunikation etwas wahrzunehmen. Sie weiß sofort, ob Menschen lügen oder etwas verbergen. Ich kenne einige Menschen, die als Lehrer oder in einer Kreditabteilung arbeiten, die eine ausgeglichene Aura haben. Sie wissen, ob ein Schüler oder Kunde nicht bei der Wahrheit ist.

Augenchakra geschlossen

Häufig ist dieser Zustand das Resultat fehlenden Vertrauens und nicht so sehr das Resultat einer inneren Unfähigkeit zur Verwendung der eigenen Intuition. Viele verheiratete Frauen, deren Männer am spirituellen Leben nicht interessiert sind, werden wenig geschätzt. Sie können ihre Gefühle nicht mitteilen. Ihre intuitiven Erfahrungen werden als reine Phantasie abgetan. Kein Wunder, daß ihr Selbstvertrauen gering ist. Die Zirbeldrüse kann unter solchen Umständen nicht effektiv arbeiten.

Halschakra geöffnet

Das Halschakra soll der Treffpunkt oder Verbindungspunkt für das Bewußtsein sein, das sich im Kronenchakra befindet, und die Energien, die vom Wurzelchakra heraufströmen. Dieses Chakra findet man sehr selten offen, denn viele Menschen tauschen ihre Kreativität gegen Sicherheit und Karriere ein. Das offene Chakra ist fast immer ein positives Zeichen. Die Person zeigt großen Enthusiasmus für ihre Arbeit. »Der Tag ist immer zu kurz« ist eine typische Aussage. Man findet sehr oft den Impuls, der Gesellschaft einen Dienst zu erweisen und durch das offene Chakra intuitiv zu handeln.

Halschakra ausgeglichen

Hier akzeptiert man die Erfüllung der Wünsche der Umwelt, obwohl man für die eigenen Fähigkeiten andere Betätigungsfelder hätte. Diese Menschen müssen sich selbst treu bleiben. Hier reifen Talente, und der Mensch befindet sich auf dem Weg zur wertvollen Integration in die Gesellschaft.

Halschakra geschlossen

Ständig suchen diese Menschen nach einem sinnvollen Beruf oder kreativen Betätigungsfeld. Es fehlt ihrer jetzigen Arbeit an langfristiger Perspektive. Sie sehen in der Zukunft ihrer Karriere keine Befriedigung. Sie brauchen Hilfe und Begleitung auf ihrem beruflichen Weg.

Herzchakra geöffnet

So wunderschön und doch so gefährlich. Es ist hier nicht die Frage, ob eine Person in einer Beziehung verletzt wurde, sondern, wie. Diese Menschen sehen die Welt so, wie sie sie sehen wollen. Sie ignorieren negative Anzeichen in einer Beziehung und versuchen bis zum bitteren Ende deren Funktionieren zu sichern, sogar wenn die Beziehung schon den Zustand der Leichenstarre erreicht hat. 90 % der Menschen, bei denen das Herzchakra geöffnet ist, sind Frauen.

Herzchakra ausgeglichen

Ein ausgeglichenes Herz ist das »Kraftwerk« der Aura. Man ist willig und fähig, anderen etwas zu geben, und doch hat man noch zusätzliche Energien. Diese Menschen muß man ermutigen, sich Zeit für sich selbst zu nehmen. Ihre Befürchtungen, selbstsüchtig zu sein, sind immer völlig unbegründet. Ich unterscheide zwischen »selbstsüchtig« und »selbstachtend«. Selbstsüchtigkeit schließt die Bedürfnisse anderer Menschen aus. Selbstachtung ist wichtig, um die Ausgewogenheit zwischen Arbeit und Vergnügen und zwischen den Bedürfnissen des eigenen Bereiches und des Teilens mit anderen zu erhalten. Ein Mensch, der immer nur »gibt«, wird bald erschöpft sein.

Herzchakra geschlossen

Das ist die »Schneckenhaus-Situation«. Ein verletzter Mensch wird sich in sich zurückziehen, um weitere Verletzungen zu vermeiden. Solche Menschen versäumen das normale gesellschaftliche Leben und lehnen sogar Einladungen ab. Ihre Handlungen sind mit fehlender Selbstachtung verbunden. Diese Menschen müssen vorsichtig in die Gesellschaft zurückgeführt werden, man muß ihnen wieder den Wert des Lachens und des Vergnügens zeigen.

Solarplexus-Chakra geöffnet

Das ist im Hinblick auf Beziehungen das aufschlußreichste Chakra. Ein plötzliches Ende einer Affäre oder einer Ehe zerreißt das Chakra unweigerlich. Das hinterläßt eine klaffende Wunde, und alle vorbeiströmenden Kräfte können einfach eintreten, um »mal kurz hallo zu sagen«. Eine Person kann sich ohne jeden Grund schlecht fühlen. Sie weiß dann nicht, wer sie ist oder was ihr Sinn ist. Dann ist diese Stimmung plötzlich vorbei, und sie ist wieder sie selbst. In jedem Fall ist eine Behandlung notwendig. Ob es sich bei der Heilung dann um das Verstehen einer Situation handelt oder um den Akt des Handauflegens, ist gleich, es muß einfach etwas geschehen. Es passiert selten, daß die Person genug Stärke aufbringt, diese Veränderungen selbst herbeizuführen und die Wunden selbst zu heilen.

Solarplexus-Chakra ausgeglichen

Ein Mensch, der weiß, wie man eine gute Beziehung genießt, ohne einnehmend zu sein oder vereinnahmt zu werden. »Energiezehrer« werden bald entdeckt und ausgeschaltet. Sie haben die Kapazität, viele gesellschaftliche Beziehungen zu unterhalten und sich daran zu erfreuen.

Solarplexus-Chakra geschlossen

Ein geschlossenes Chakra ist das Zeichen, daß sich die Person nach dem Ende einer Beziehung zurückgezogen hat, um weiteres Leiden zu vermeiden. Diese Menschen haben das Gefühl, etwas sickere weg, und kompensieren das durch Rückzug. Genau wie beim geschlossenen Herzchakra versäumen sie gesellschaftliche Möglichkeiten. Sie sagen zu sich selbst: »Das wird mir nicht mehr passieren.« Die Menschen verschließen sich in ihrem Schmerz zu fest, und der Schmerz nagt weiter an ihnen.

Sakral- bzw. Sexualchakra geöffnet

In unserer modernen Gesellschaft findet man nur wenige Sakralchakras im Stadium der Öffnung. Die Menschen haben nicht genug Möglichkeiten, sich füreinander Zeit zu nehmen. Sexualität und Intimität können nicht schnell am Ende eines harten Tages erledigt werden. Man findet hier häufig dann ein offenes Chakra vor, wenn der Mensch von einer Beziehung weggerissen wurde. Dieser Zustand wird meist von Phantasievorstellungen und emotional verwirrten Gedanken begleitet. Heilung und Versöhnung sind in diesem Fall notwendig.

Sakral-Chakra ausgeglichen
Dieser Zustand tritt in guten, stabilen Beziehungen auf.

Sakral-Chakra geschlossen
Dieser Zustand besteht, wenn sich eine Person sogar von der Möglichkeit, eine Beziehung aufzubauen, zurückgezogen hat. Solche Menschen haben vielleicht beschlossen, im Zölibat zu leben, oder sie ziehen sich von den Beziehungen zurück, bis die richtige Situation kommt. Ich habe dann schon vielen Menschen geraten, sich für einen Spaziergang auf dem Land Zeit zu nehmen und so dem Druck des Großstadtlebens zu entkommen.

Wurzelchakra geöffnet
Man findet dies bei sehr ehrgeizigen Personen. Der Ehrgeiz tritt in Form des Wunsches auf, im Beruf erfolgreich zu sein. In seiner extremen Form werden diese Menschen von ihrer Vision getrieben und nehmen sich wenig Zeit zu Erholung und Entspannung. Wenn es jedoch mit einem offenen Halschakra und einem ausgeglichenen Herzchakra gekoppelt ist, kann das Resultat ein sehr produktives Leben sein.

Wurzelchakra ausgeglichen
Ich nenne das den Zustand des »gesunden Menschenverstands«. Dieser Mensch ist in seinen Zielen und Ambitionen realistisch. Er weiß, daß er arbeiten muß, um zu leben. Er genießt seine Arbeit, läßt sich davon aber nicht vereinnahmen. Seine Entscheidungen werden vom gesunden Menschenver-

stand getragen. Er versucht nicht, Dinge zu machen, die nicht passen.

Wurzelchakra geschlossen

Diese Person hat aufgegeben. Man findet diesen Zustand bei Studenten, die ihre Vorlesungen nicht mehr besuchen, bei Arbeitslosen und all jenen, die sich in ein Leben der Langeweile zurückgezogen haben. In diesem Fall ist Motivationsberatung wichtig.

Probleme mit Chakras und Aura

Manchmal kann man aus einem Chakra gar nichts herauslesen. Das passiert vor allem dann, wenn die Person nicht verwurzelt ist. Ich nenne das den »losgelösten« Zustand. Das passiert oft mit dem Kronenchakra, wenn der Mensch ein Glaubenssystem aufgegeben hat, aber noch nichts anderes gefunden, das dessen Platz einnehmen könnte.

Wer sind »wir«? Was beeinflußt uns, so zu »sein«, wie wir sind, und was hat die Kraft, unsere Aura zu bilden und zusammenzufügen?

Wir können uns über uns selbst nur bewußt werden, wenn wir frei von psychischer und medialer Vergiftung sind. Oft beklagen sich meine Patienten, daß sie plötzlich »ohne Grund« depressiv geworden seien. »Ich weiß gar nicht, was über mich kam«, ist ein typischer Satz. Manche negativen Auswirkungen »verdanken« wir einem offenen oder zerrissenen Chakra. In diesem Fall muß das Chakra wiederhergestellt oder geheilt werden. In anderen Fällen ist die ganze Aura in Mitleidenschaft gezogen, und es wird eine Art Abwehrmechanismus benötigt. Wir haben schon alle einmal bemerkt, wie uns Energien von einer Person im Raum entzogen wurden. Wir fühlen die Wirkung von Eifersucht, Furcht und Haß in unserer Aura.

Gefahren, wenn wir an uns arbeiten

Jede Art des Ehrgeizes – das spirituelle Streben eingeschlossen – kann gefährlich sein. Anfänger sprechen vom »Aufsteigen der Kundalini-Kraft«, als ob es sich um eine Errungenschaft handeln würde. Bereits der Gedanke an solche Ziele bedarf guter Vorbereitung und spiritueller Feinfühligkeit. Chakras muß man vorsichtig und sanft behandeln. Die Überstimulation eines Chakras aktiviert die feinstofflichen »Prana«-Kräfte dieses Energiezentrums und öffnet Wege zu anderen Bewußtseinsebenen. Wenn Sie nun einmal ein solches Bewußtsein erlangt haben, was fangen Sie dann damit an?

»Für alles ist Zeit vorhanden, und Zeit ist für alles vorhanden.« Chakras entwickeln sich von selbst, wenn diese dazu bereit sind. Genauso, wie Sie nicht versuchen werden, die Samenkeimung zu beschleunigen, indem Sie die Samen in den Ofen legen, sollten Sie auch nicht versuchen, spirituelle Entwicklung durch esoterische Übungen zu erzwingen.

Wenn sich Verstand, Körper und Seele im Einklang befinden, wird die Entwicklung aus eigenem Antrieb vorangehen, so daß wir nicht nur unsere eigene Lebensqualität verbessern, sondern auch die anderer Menschen.

Nichts ist gefährlicher, als plötzlich Hellseher zu werden oder plötzlich die Fähigkeit des Heilens zu erlangen. Das Ego ist schwach, und die dadurch entstehende Kraft würde es für uns als Individuum unmöglich machen, damit zu leben, oder es würde unser alltägliches Leben wirkungslos machen.

Wie können wir unser Energiefeld stärken?

Genauso, wie wir körperliche Selbstverteidigung üben, um unseren Körper zu schützen, brauchen wir psychische Abwehrmechanismen, um die Aura zu schützen.

Es gibt viele Übungen, die man praktizieren kann. Ein positives Bild von sich selbst zu haben ist immer gut, genauso wie das Fehlen negativer Gedanken. Wir sollten auch lernen, zur rechten Zeit am rechten Ort zu sein. All jene von Ihnen, die an spirituelle Führer glauben, wissen, daß unser Wohlergehen ihr Anliegen ist, und wenn wir auf die leise Stimme hören, werden wir richtig geführt werden.

Die Kraft, die durch ein positives Bild von uns selbst entsteht, sollte man nicht unterschätzen. Wir alle kennen Menschen, die scheinbar Unglück anziehen. Nun, das Gegenteil ist auch möglich. Hier eine Übung, die Sie einige Male am Tag durchführen können.

Lichtübung

Stellen Sie sich aufrecht hin, atmen Sie tief und gleichmäßig. Entspannen Sie Ihren ganzen Körper, beginnen Sie beim Kopf, und arbeiten Sie sich langsam bis zu den Füßen hinunter.

Stellen Sie sich vor, von hellem, blauem Licht umgeben zu sein, das sich von jedem Punkt ihres Körpers etwa 20 cm weit ausbreitet.

Halten Sie an diesem Gedanken fest, und stellen Sie sich nun weiter vor, daß sich über Ihrem Kopf weißes Licht befindet, das immer heller wird.

Wenn Sie von diesem Gedanken erfüllt sind, vergegenwärtigen Sie sich die höchsten Standards des Glaubens, der Moral und des Verhaltens.

Dann fühlen Sie, wie das weiße Licht Ihr gesamtes Sein wie

mit Funken durchdringt. Die äußere Hülle unserer Aura sollte aus blauem Licht bestehen, das mit weißem Licht gefüllt ist.

Konzentrieren Sie sich, solange es Ihnen möglich ist, auf dieses Bild. Registrieren Sie auch Bilder, die auftauchen.

Lassen Sie das Bild dann langsam wegfließen, denken Sie aber immer daran, daß es aus der Realität selbst nicht wegfließt.

Der Zweck der Atmung

Sehr wenige von uns wissen, wie man richtig atmet. Wir »schnappen nach Luft«, schnaufen, keuchen, aber sehr wenige kennen das Atmen als eine Methode, um mit dem Rhythmus des Universum eins zu werden. Hier eine Übung, die jeder machen kann.

Atemübung

Tragen Sie bequeme Kleidung, und schalten Sie alles aus, was Sie ablenken könnte, gestatten Sie sich, Sie selbst »zu sein«. Wenn Probleme Sie beschäftigen, schreiben Sie diese auf ein Papier und legen es beiseite.

Entspannen Sie sich 5 Minuten lang. Es gibt nichts Sinnloseres, als zu *versuchen,* sich zu entspannen! Denken Sie daran, was Sie machen werden, und freuen Sie sich darauf. Werden Sie sich darüber klar, woran Sie glauben, das bringt eine gewisse Führung und Sicherheit. Glauben Sie daran, daß sich nur gute Geister um Sie herum befinden, die Ihnen Liebe und Schutz geben. Richten Sie Ihren Geist auf, und stellen Sie sich Ihr höheres Selbst vor.

Versuchen Sie nun, kontrolliert zu atmen. Beginnen Sie mit einigen tiefen Atemzügen, die bis zu den tieferen Bauchbereichen gelangen.

Atmen Sie ein, und zählen Sie dabei bis acht.

Dann halten Sie den Atem an und zählen bis vier.

Beim Ausatmen zählen Sie wieder bis acht.

Setzen Sie diese Technik fort, sie wird Sie entspannen und in einen tranceähnlichen Zustand versetzen. Es bringt Ihnen auch ein gleichmäßiges Energiemuster für die folgende Aufgabe. Setzen Sie diese Atemtechnik während der gesamten Meditation fort. Machen Sie sich keine Sorgen, wenn Sie aus dem Rhythmus kommen oder die Atmung eine Zeitlang vergessen. Beginnen Sie dann wieder neu. Am wichtigsten ist, sich mit dieser Methode wohl zu fühlen.

Übung zum Chakra-Energieausgleich

Beginnen Sie mit dem Kronenchakra. Fühlen Sie, wie es sich öffnet und mit Licht aufgeladen wird.

Bewegen Sie sich nun zum Dritten Auge. Öffnen und füllen Sie es mit Licht.

Machen Sie nun das gleiche mit dem Halschakra, und setzen Sie mit den anderen Chakras fort.

Herzchakra – Solarplexus-Chakra – Sakralchakra – Wurzelchakra.

Falls es irgendwo Widerstand gibt, bleiben Sie dort, atmen ein und aus, und konzentrieren Sie sich auf das Einfließen der guten Energie in das Chakra. Versuchen Sie in jedem Chakra, die Energie auszugleichen.

Richten Sie nun Ihre Aufmerksamkeit auf den Ort des Sehens, das Dritte Auge. Wenn alle Chakras geöffnet sind und Sie wie beschrieben weiteratmen, ist es Zeit, in sich hineinzusehen. Finden Sie den Ort in Ihrem Inneren, an dem Sie bei Tagträumen Bilder sehen. Halten Sie ein einfaches Objekt, wie z.B. eine Orange oder eine Sonne, in Ihrem Gedächtnis. Machen Sie das zumindest 5 Minuten lang.

Sie werden dabei immer ruhiger und beobachten, was immer

in diesem Raum erscheint. Sie müssen an nichts glauben und sollten nicht (ver-/be-)urteilen.

Falls Sie negative Gedanken sehen, nehmen Sie diese ganz einfach an. Statten Sie diese nicht mit Kräften aus, über die sie gar nicht verfügen.

Wenn Sie sich dazu bereit fühlen, verbringen Sie die nächsten fünf Minuten damit, die Übung zu beenden und die Chakras wieder zu schließen. Setzen Sie die Atmung fort. Gehen Sie wieder die Chakras von oben nach unten durch, und verringern Sie die Energie und das Licht. Stellen Sie sich vor, wie Sie jede Tür räumlich schließen, und dann schließen Sie jede spirituelle Tür ganz leise.

Diese Meditation kann man mit geschlossenen Augen durchführen, am Anfang kann ein gedämpftes Licht eingeschaltet sein. Sie eignet sich auch hervorragend für Gruppenmeditationen. Halten Sie sich während der ganzen Zeit in einem ruhigen Zustand.

Das sind einige einfache Übungsbeispiele, wie man Chakras ausgleichen kann. Jeder kann sie sicher und alleine durchführen. Für einige Menschen genügen bereits diese Übungen, um sich in einen Zustand des Friedens zu bringen. Für andere ist eine persönliche Beratung empfehlenswerter.

Teil III

11.

Hinweise zur Chakra- und Auraberatung

Ist die Beratung geeignet, um Probleme zu lösen?

Wie können Menschen durch eine Beratung profitieren? Arbeiten ungeübte Menschen mit Chakras und Aura, benötigen sie auf irgendeine Weise Hilfe von Dritten, daher besteht auch ein gewisses Maß an Verletzbarkeit. Das gilt für jede Art von Beratung oder Konsultation – egal, ob es sich um einen Arzt, einen Psychotherapeuten oder einen Pfarrer handelt.

Sollten wir uns also sagen: Ich gehe nicht zu einem Medium oder zu einem sensiblen, medial veranlagten Berater, denn ich könnte in die falsche Richtung geführt werden? Das kann nicht sehr intelligent sein, denn Sie versäumen vielleicht die Möglichkeit, mehr über sich selbst zu lernen.

Die Antwort ist einfach: Vertrauen Sie Ihrer eigenen Intuition. Sie wird Sie zu dem geeigneten Menschen führen.

Wie arrangiere ich eine Konsultation oder Beratung?

Gehen Sie mit der richtigen Einstellung zu einer Beratung. Wenn möglich, versuchen Sie, jemanden zu finden, der bereits gute Erfahrungen in diesem Bereich gemacht. Befragen Sie ihn über die Konsultation – die Länge, die Kosten, ob es ihm möglich war, Fragen zu stellen. Wird die Sitzung mit Kassettenrekorder aufgenommen? Wenn Sie dann einen Termin ausmachen, lassen Sie sich all diese Details bestätigen. Es wird Ihnen eventuelle spätere Peinlichkeiten ersparen.

Kann ich sicher sein, daß sich die Sitzung auch lohnt?

Es kann Ihre Konzentration fördern, wenn Sie Fragen schon vorher aufschreiben. In der Aufregung kann es passieren, daß Sie einen wichtigen Punkt vergessen. Einige Berater geben die Möglichkeit, auch später noch anzurufen, jedoch ist es in jedem Fall besser, gleich nachzufragen, wenn der Berater voll auf Sie konzentriert ist. Seien Sie in bezug auf die Ergebnisse nicht zu ehrgeizig. Sehr oft wird Ihnen der Berater Dinge sagen, die Sie vielleicht schon wissen. Wahrscheinlich deshalb, weil dieses Wissen noch nicht wirklicher bewußter Teil von Ihnen geworden ist.

Ein Hauptgrund, warum eine Sitzung nicht erfolgreich verläuft, können unrealistische Erwartungen des Klienten sein. Ein medial veranlagter, sensibler Berater kann Sie nicht an Ihrer Stelle heilen. Er kann Sie ermutigen, stimulieren oder informieren, jedoch in letzter Konsequenz müssen Sie selbst die Arbeit erledigen.

Werden Sie Ihre Unabhängigkeit verlieren, wenn Sie sich beraten lassen? Warum sollten Sie? Hätten wir genug Zeit, könnten wir alle unsere Probleme selbst lösen. Wir befinden uns in einer Welt, die von Zeit dominiert wird, wir haben keine Frei-Zeit, das ist die Realität. Eine gute mediale, sensible Beratung wird die Zeit verkürzen, die Sie benötigen, um ein Problem anzupacken und zu einer klaren Lösung zu führen.

Die Genauigkeit einer Beratung ist nicht nur von den Fähigkeiten des Beraters abhängig, sondern auch von den Fragen. Wenn ein Klient z.B. immer wieder dieselbe Frage stellt und auch immer wieder eine Antwort bekommt, sich aber nach wie vor weigert, danach zu handeln, wird die Beratung nicht funktionieren. Das Universum hat die Antwort gegeben, eine funktionierende Antwort, und diese wurde ignoriert. Was kann das Universum mehr geben?

Es ist ein Fehler zu glauben, die Information komme direkt

aus dem Gehirn des Beraters. Sie kommt durch den überpersönlichen Geist, der in diesem Menschen wohnt und von den medial veranlagten Beratern verwendet werden kann, um zu empfangen, zu übersetzen und zu senden. Klient und Berater benötigen dazu beide einen offenen Geist.

Was ist ein »offener Geist«?

Das hat nichts mit Naivität zu tun. Man sollte sich sagen: »Ich werde alle meine vorgefaßten Gedanken zu diesem Problem oder der Situation beiseite schieben und lasse nicht zu, daß sie sich mit dem Material, das aus dieser Sitzung entsteht, vermischen.« Ehrlichkeit und fehlende Abwehr sind wichtige Teile der Einstellung des Klienten.

Genauso muß auch der Berater über einen offenen Geist verfügen. Egal, was der Klient trägt, wie er aussieht oder was er sagt: der Berater muß alles ignorieren und sich einfach auf die Lebenskraft des Klienten einstellen, auf das dynamische Spiel zwischen den Forderungen des täglichen Lebens und dem »Zug« der Seele.

Ist es sinnvoll, die Sitzung aufzuzeichnen?

Manche Menschen verfügen über ein gutes Gedächtnis und brauchen keine technische Unterstützung. Jedoch hat der Autor die Beobachtung gemacht, daß sich der Durchschnittsmensch nur etwa 30 % des Gesagten merkt. Wenn ein emotional wichtiges Thema besprochen wird, neigt man dazu, die nächsten zwei oder drei Punkte zu vergessen. Obwohl man sie hört, werden sie nicht aufgenommen. Ein Kassettenrekorder ist eine gute Idee, probieren Sie ihn aber zuerst aus. Es ist sehr irritierend, wenn ein Klient 5 Minuten braucht, um einen ausgeborgten Rekorder in Gang zu bringen.

Was passiert, wenn es unterschiedliche Meinungen gibt?

Der Berater betrachtet das Problem von einem anderen Standpunkt als der Klient. Leben Sie in einer Situation, sind Sie so mit den Details beschäftigt, daß Sie das grundsätzliche Muster oder den grundsätzlichen Trend nicht bemerken. Wenn es unterschiedliche Meinungen gibt, sollte der Klient diese genau notieren.

Wenn es sich um etwas Bedeutendes handelt, sollte das sofort besprochen werden. Sehr oft ist eine Meinungsverschiedenheit Teil des Heilungsprozesses. Sie als Klient erweisen sich keinen Dienst, wenn Sie unterschiedliche Meinungen verschweigen. Seien Sie nicht ängstlich, in der Sitzung zu sprechen und aktiv daran teilzunehmen.

Was mache ich, wenn ich nicht verstehe,
was gesagt wird?

Kommunikation ist eine feine Kunst. Zwei Menschen hören das gleiche und interpretieren es auf unterschiedliche Weise, denn ihre Lebenserfahrungen sind unterschiedlich. Ein gutes Beispiel sind die Wörter »Sex« oder »Gott«. Jedes Wort hat ein emotionales Element, das damit verbunden wird. Der Klient sollte den Berater ersuchen, das Gesagte noch einmal zu wiederholen. Niemand wird beleidigt sein. Ein professioneller Berater liebt seine Tätigkeit und wird daran interessiert sein, mit anderen zu kommunizieren, und er wird mit anderen Wörtern oder Sätzen seine Aussage wiederholen, bis Sie sie verstehen. Sie bezahlen die Sitzung, also ist es Ihr Recht, alles zu verstehen.

12.

Aura und Chakras vom geistigen Standpunkt

Stellen Sie sich vier Dias einer Person vor. Wenn Sie diese nun übereinanderlegen, erscheinen sie als eines. Das Ganze ist unscharf, wenn nur ein Dia eine andere Form aufweist. Genauso verhält es sich auch mit unseren Körpern.

Wenn unsere physischen, mentalen, spirituellen und emotionalen Körper zueinander passen, werden wir automatisch vollständig, ganzheitlich oder integriert. Um das zu erreichen, müssen wir uns die Funktion und Arbeitsweise unserer jeweiligen Körperteile und deren Beziehung zueinander bewußtmachen. Also bedeutet ein »hohes« Bewußtsein das gleichzeitige, ganzheitliche Verstehen unserer verschiedenen, gegensätzlichen Aspekte.

Das ist auch der Grund, warum wir keinen persönlichen Aspekt vernachlässigen oder Schmerz nicht vermeiden sollten, denn diese Punkte kulminieren in spiritueller Entwicklung. Verschiedene Menschen haben verschiedene Lebensauffassungen. Das klassische Beispiel ist die halb volle oder halb leere Tasse – je nachdem, wie man sie betrachtet.

Unsere Interpretation der Realität gibt unserem Leben Qualität – oder mangelnde Qualität. Wenn wir ein physisches oder emotionales schmerzvolles Erlebnis wirklich heilen, ändert sich die Interpretation dieses Ereignisses, und wir vergrößern unser Potential, am Leben teilzunehmen und es zu genießen.

Wir verfügen über angewöhnte Verhaltensweisen, wie wir Ereignisse unseres Lebens bewerten, einige davon schränken uns ein und verursachen weiteren Schmerz. Wenn wir diese Verhaltensmuster in unser Bewußtsein bringen können, sehen wir sie klarer und befinden uns dann in einer Position, von der aus wir wählen können, ob wir weiterhin nach dem gleichen Muster leben wollen oder ob wir das Fundament für ein neues legen wollen.

Jedes Ereignis bewegt sich mittels des Chakrasystems durch unseren Energiekörper. Erinnern Sie sich: Unser gesamter physischer Körper wird von einem Energiekörper – dem Energiefeld – durchdrungen und umgeben. Dieses Energiefeld beinhaltet unseren physischen Körper, die Emotionen, Gedanken und die Spiritualität.

Die Energie eines Ereignisses tritt in das erste Chakra ein, wo es als physische Tatsache registriert wird. Die Energie bewegt sich dann durch das Chakrasystem weiter, jedes Hauptchakra gibt der Interpretation des Geschehens seine spezielle Färbung. Sind alle Chakras gesund und in keiner Weise verzerrt oder blockiert, fließt die Mitteilung ohne weitere Behinderung durch den Körper; die Information über das Vorkommnis gelangt schließlich zum siebten Chakra, wo es zur »Erleuchtung« dient.

Aber in unserem Chakrasystem befindet sich meistens irgendwo eine Blockade. Als Reaktion auf schmerzhafte Erlebnisse in der Kindheit beginnen wir sehr früh im Leben, Energiefelder – also Chakras – zu verzerren. Unser Ziel als Erwachsener ist es, diese Verzerrungen, die unsere Abwehr und Verteidigung werden, anzunehmen und sie auf gesundere Lebenswege zu bringen. Mit bewußter Intention können wir das schaffen. Das Verständnis über den Informationsfluß im Körper hilft bei dieser Aufgabe.

Wie verifiziert man paranormale Phänomene?

Unter den meisten orthodoxen Wissenschaftlern sind Aura und Chakras absolute Tabu-Themen. Sie vertreten die Ansicht, die Wahrnehmung der Aura sei einfach ein Nachbild des Starrens, etwas, das mehr mit Autosuggestion und der Überstimulation von Stäbchen und Zäpfchen des Auges zu tun habe als mit allem anderen. Daher sagen sie, man täusche sich, wenn man glaubt, die Aura zu sehen.

Um diesem Thema positiv gegenüberzutreten, muß man sich

von allen negativen Emotionen befreien. »Die älteste Emotion ist Furcht, die stärkste Emotion ist Furcht vor dem Unbekannten.« Das gilt vor allem für spirituelle Phänomene.

Mediale oder spirituelle Phänomene werden auf einen Haufen geworfen und als Gewäsch, Unsinn, fauler Zauber oder Quatsch abgetan. Diese Haltung kann man etwa so beschreiben:

1. Ich verstehe diese Art von Phänomenen nicht.
2. Falls ich es doch einmal verstehe, werde ich meine Denkmuster nicht verändern.
3. Wenn ich das täte, würden mich meine Kollegen auslachen, und mein Kreditantrag wäre gefährdet.
4. Ich verschließe meine Augen vor allem, was nicht in meine Vorstellung des Universums paßt.
5. Menschen, die in Religion oder PSI Verständnis suchen, sind in irgendeiner Weise inadäquat.

Bemerken Sie die konkreten und rationalen Beschreibungen! Ich frage mich, wovor sich diese Leute fürchten. Die grundsätzliche Verteufelung von Phänomenen wie z.B. Beratung oder Heilung durch Hellseher birgt große Gefahren in sich. Wenn sie nämlich eine Methode verachten, verachten sie auch gleichzeitig deren Geschichte. Macht man sich über diese Art von Heilung lustig, gilt das auch für die Arbeit von Jesus Christus, macht man sich über Hellseher lustig, gilt das auch für die Arbeit von Edgar Cayce, einem Amerikaner, der Tausende Diagnosen durchführte und dabei oft eigenwillige Heilmethoden anwandte, die aber wirkten, wenn traditionelle Medikamente nicht mehr halfen.

All jene, die auf rationale, pragmatische Antworten von sogenannten Forschern warten, sollten sehr vorsichtig sein. Viele Forscher sind in Wirklichkeit Menschen, die entlarven wollen und der Meinung sind, alle medial veranlagten Menschen seien Betrüger. Die einzig reale Welt ist für sie die Welt der konventionellen Wissenschaft, in der das Gemüt an den physischen Körper gebunden ist und sich in diesem befindet. Jeder Beweis, der das Gegenteil zeigen könnte, wird ignoriert oder abgetan. Die Schlußfolgerung ist klar: Sie werden bei ihren alten Denkmustern bleiben. Falls die Welt größer ist, als sie sich selbst erlauben zuzugeben, wären sie überhaupt in der Lage mit diesen Veränderungen umzugehen?

Ich habe dafür jedoch Verständnis. Als ich feststellte, daß der Geist nicht im Körper festsitzt, sondern der Körper einfach der (relativ) feste Teil in der Mitte des Geistes ist, dauerte es buchstäblich Jahre, bis ich mich den Tatsachen und deren Folgen angepaßt hatte. Nach 20 Jahren ertappe ich mich manchmal noch immer dabei, in alte Denkmuster zu verfallen, obwohl ich ganztägig im spirituellen Bereich arbeite.

Welche Chance hat nun der konventionelle bzw. der auf die Unterstützung einer konservativen Interessensgruppe angewiesene Wissenschaftler? Es ist interessant, wie viele Wissenschaftler und Forscher plötzlich nach ihrer Pensionierung Interesse an spirituellem Material entwickeln.

Parapsychologische und wissenschaftliche Untersuchungen sollten beide nach den gleichen Regeln durchgeführt werden, bevor irgendein bedeutungsvoller Dialog zwischen den beiden Lagern durchgeführt werden kann. Die Regeln der Beobachtung, Aufzeichnung, Korrelation und Ableitung sollten beachtet werden. Man kann nicht voller Enthusiasmus einen Schritt überspringen und hoffen, keiner würde es bemerken.

Parapsychologie ist hauptsächlich wegen ihrer möglichen Folgen interessant. PSI-Phänomene weisen zum Beispiel auf folgendes hin:

a) Unser Wissen über das Universum ist unvollständig.
b) Die angenommenen Kapazitäten und Grenzen des menschlichen Potentials wurden unterschätzt.

c) Die grundsätzliche Annahme der Teilung zwischen Geist und Verstand ist nicht korrekt.

d) Die religiöse Meinung über göttliche Wunder war vielleicht falsch.

Vom materialistischen Standpunkt aus, einem der Fundamente der wissenschaftlichen Weltanschauung, wird Bewußtsein als nichts anderes als ein Produkt der Funktionen des Gehirn-, Körper- und Nervensystems (GKNS) betrachtet.

Das heißt, egal wie sehr sich der Geist von festen Stoffen wie zum Beispiel dem Körper auch offensichtlich unterscheiden mag, entsteht er angeblich allein durch die elektrochemischen Funktionen des GKNS. Wenn GKNS stirbt, stirbt auch der Geist.

Von dieser Perspektive aus sind also das Überleben des Körpers nach dem Tod, die Existenz von Geistwesen oder andere Erscheinungen nur Einbildung.

Weiter bestimmen die Grenzen der materiellen Funktionen automatisch die letzten Grenzen der mentalen Funktionen – wenn man unser derzeitig gültiges Weltverständnis nimmt, sind PSI-Phänomene unmöglich.

Und doch sind PSI-Phänomene im Lauf der Geschichte immer wieder in allen Kulturen aufgetreten und werden auch heute häufig beobachtet. Einige der beobachteten Phänomene wurden durch die Wissenschaft glaubhaft überprüft. Es scheint, als ob PSI die erdachten Grenzen der materiellen Funktion – und daher das GKNS – überschreitet. Daraus läßt sich folgern, der Geist besteht aus mehr als nur GKNS und es muß eine Art »Seele« oder etwas Ähnliches geben.

Manche Kritiker scheinen zu glauben, daß alle Parapsychologen versteckte religiöse Motive hätten und in Wirklichkeit darauf aus seien, die Existenz der Seele zu beweisen. Das trifft nicht mehr zu als die Aussage, alle Chemiker hätten alchemistische Ambitionen und seien insgeheim darauf aus, Quecksilber in Gold zu verwandeln.

Es geht heute darum, daß PSI-Forscher und konventionelle Naturwissenschaftler in einen unvoreingenommenen Dialog treten und gemeinsam daran arbeiten, Feldversuche zu machen, deren Ausgang und Ergebnisse nicht durch verdeckte Vorurteile von vornherein »positiv« oder »negativ« festgelegt sind.

Manchmal beschäftigen sich Feldstudien nicht mit der Tatsache, ob es sich bei den Erfahrungen tatsächlich um PSI-Phänomene handelt oder nicht, sondern vielmehr mit Fragen wie: Was berichten Menschen über Erfahrungen, von denen sie annehmen, daß es PSI-Phänomene seien? Inwieweit beeinflußten diese Erfahrungen ihr weiteres Leben? Besteht ein Zusammenhang zwischen den psychologischen und kulturellen Charakteristika eines Menschen und der größeren Wahrscheinlichkeit, eine Erfahrung als PSI-Phänomen zu interpretieren? Hierbei handelt es sich um eine anthropologische, soziologische oder psychologische Forschung, bei der nicht dieselbe Aufmerksamkeit auf die Ausschließung aller konventionellen Erklärungsmodelle gelegt wird.

Der Wert der Feldforschung besteht in der Untersuchung der Erfahrungen von Menschen. Hier sind Berichte von präkognitiven Träumen, außerkörperlichen Erfahrungen, telepathischen Eindrücken, Auras, Erinnerungen an frühere Leben, Spuk, Poltergeister und Erscheinungen eingeschlossen. Forschungen in diesen Bereichen resultieren in Häufigkeit, Phänomenologie, demographischer und psychologischer Korrelation der Erfahrungen.

Feldforschung oder spontane Fallstudien sind weniger technisch und sehr interessant zu lesen, es ist jedoch betreffend der PSI-Eigenschaften eines speziellen Falles nicht sehr klug, vorschnelle Schlüsse zu ziehen.

Kritikpunkte an Aura-, Chakra- und PSI-Forschung

Konstruktive Kritik ist für die Wissenschaft wichtig und wird vom Großteil der PSI-Forscher gerne angenommen. Starker Skeptizismus wird erwartet, und viele Parapsychologen sind in bezug auf PSI sehr viel skeptischer, als es Außenstehende vielleicht vermuten.

Von Nicht-Wissenschaftlern wird meist angenommen, daß es sich bei den Debatten über die Mittel der PSI-Forschung um wissenschaftliche Diskussionen handele. Leider ist das nicht immer der Fall. Verächtliche rhetorische Attacken und persönliche Angriffe treten in diesen Debatten über PSI viel zu häufig auf.

1. Kritikpunkt: Offensichtliche, erfolgreiche Forschungsresultate basieren in Wirklichkeit auf nachlässigten Verfahren, zu wenig ausgebildeten Forschern, methodischen Fehlern, selektiven Berichten und statistischen Problemen. Es gibt daher nicht einmal die Andeutung eines wissenschaftlichen Beweises für PSI-Phänomene.

Als **Antwort** darauf muß man sagen, daß diese Punkte in analytischen Berichten der einschlägigen Literatur behandelt wurden. Das Ergebnis ist ganz eindeutig: Erfolgreiche Experimente können nicht einfach von Kritikern wegerklärt werden. Forschungen, die von Spezialisten für wissenschaftliche Methoden an der Harvard University durchgeführt wurden, zeigen, daß die beste experimentelle PSI-Forschung heute nicht nur nach den richtigen wissenschaftlichen Standards, sondern normalerweise auch nach strengeren Methoden arbeitet als z.B. die Sozial- oder Physikwissenschaft. Zusätzlich wurde im Lauf der Jahre dieser Kritikpunkt durch individuelle Studien effektiv entkräftet, und während des letzten Jahrzehnts wurden Ablaufvorschriften für Experimente entwickelt, die beinahe alle methodischen Kritikpunkte berücksichtigen. Dazu gehört auch der Ausschluß jeder Möglichkeit von Betrug, indem man Skeptiker in die Experimente einbindet.

2. Kritikpunkt: PSI-Phänomene verletzen die grundsätzlichen, begrenzenden Prinzipien der Wissenschaft und sind daher unannehmbar.

Antwort: Vor 20 Jahren war diese Aussage ein häufiger Gegenstoß auf alle Aussagen über PSI-Phänomene. Durch die Fortschritte in den verschiedenen Wissenschaften ändert sich die wissenschaftliche Weltanschauung heute sehr schnell, und die grundsätzlichen, begrenzenden Prinzipien werden ständig neu definiert. Zusätzlich dazu zeigen die wesentlichen empirischen Daten der Parapsychologie Anomalien, die einfach nicht wegzuwischen sind. Daher ist dieser Kritikpunkt nicht länger überzeugend und verschwindet langsam. Wenn man die Veränderungen in der heutigen Wissenschaft betrachtet, ist es im besten Fall unklug und im schlimmsten Fall dumm, PSI in den Bereich des Unmöglichen zu drängen.

3. Kritikpunkt: Parapsychologie verfügt über keine wiederholbaren Experimente.

Antwort: Meist denken die Menschen, wenn sie von einem wiederholbaren Experiment sprechen, an jene Versuche, die in physikalischen Grundkursen in der Schule gemacht werden, wie z.B. die Beschleunigung, die Erdanziehung oder einfache chemische Reaktionen. Diese Experimente, die über relativ wenige, relativ gut bekannte Variablen verfügen, können von fast jedem jederzeit durchgeführt werden, und sie werden funktionieren. Es ist aber nicht angebracht, im Bereich der Parapsychologie – und auch in den Bereichen der meisten Sozial- und Verhaltenswissenschaften – auf einem solchen Grad von Wiederholbarkeit zu bestehen. PSI-Experimente verfügen meist über viele Variablen, von denen man viele kaum versteht und von denen viele schwer oder unmöglich zu kontrollieren sind. Unter diesen Umständen verwenden Wissenschaftler statistische Argumente, um die Wiederholbarkeit zu demonstrieren, anstatt der verbreiteten, aber einschränkenden Ansicht, daß etwas nur wahr sei, wenn ich es zu jeder beliebigen Zeit wiederholen kann.

Eine akzeptierte Methode der Bewertung der Wiederholbarkeit von Experimenten nennt man Metaanalyse. Diese quantitative Wissenschaft wird vor allem in den Sozial-, Medizin- und Verhaltenswissenschaften verwendet, um Forschungsergebnisse aus verschiedenen unabhängigen Experimenten zu vereinen.

Seit 1985 wurden viele Metaanalysen an verschiedenen Arten von PSI-Experimenten durchgeführt. Bei zahlreichen Analysen zeigten die Ergebnisse, daß es sich nicht um Zufall, methodische Fehler, selektive Berichterstattung oder um irgendwelche anderen normalen Erklärungen handelte.

Was in PSI und anderen experimentellen Bereichen bleibt, ist die Tatsache der Wiederholbarkeit in vielen voneinander unabhängigen Versuchen.

Aura, Chakras und die spirituelle Macht der Gedanken

Unsere Gedanken haben Macht. Menschliche Ideen, Worte und Emotionen gehören in die spirituelle Welt. Sie verfügen über Formen, Richtungen und Energien. Wir bilden Millionen spiritueller Impulse pro Tag. Die meisten von ihnen sterben, einige tragen Früchte.

Wenn wir davon ausgehen, daß sich überall Gedanken befinden, und die Konsequenzen daraus voll erkennen, sind wir vielleicht vorsichtiger, was Art und Harmonie unserer Gedanken betrifft. Gedanken sind Lebewesen. Sie leben genauso wie eine Zelle oder ein Grashalm.

Gedanken leben nicht in Zeit und Raum, sondern überall. Das ist der Grund, warum der Begriff der »Privatsphäre« eine große

Illusion ist. Nichts kann wirklich verborgen werden, obwohl sich das unser Geist vielleicht manchmal wünscht.

Es bringt Vorteile, wenn sich alle Menschen über die Rolle des Phänomens der Resonanz Gedanken machen. Dieses Phänomen wurde von Rupert Sheldrake in »morphische Resonanz« umbenannt. Der Gedanke, daß es das Äquivalent zur kritischen Masse im Bereich der menschlichen Erfahrungen gibt, ist faszinierend und gibt Jungs Theorie über das kollektive Unterbewußte neues Gewicht. Psychologen und Wissenschaftler finden neue Beweise für die »100-Affen-Theorie« und daß sie auch auf Menschen anwendbar ist. Die ursprüngliche Beobachtung war, daß ein Affe auf einer einsamen Insel gelernt hatte, die Kartoffeln zuerst zu waschen, bevor er sie aß, was er anderen Affen auch zeigte. Als das Stadium erreicht war, daß etwa hundert Affen ihre Kartoffel vor dem Essen wuschen, war ein Maß an Bewußtsein erreicht, das ausreichte, daß Affen auf einer Nachbarinsel ebenfalls anfingen, Kartoffeln zu waschen, ohne vorher durch den bewußten Lernprozeß gegangen zu sein.

Information bewegt sich ohne Rücksicht auf Entfernung und ohne Umwege durch die normalen Kommunikationskanäle.

Die Aura arbeitet nach Gesetzen, welche die konventionellen Wissenschaften erst langsam zu verstehen beginnen.

Die Aura ist ein Ausdruck des freien Willens des Menschen. Sie ist das Medium, durch welches das menschliche Feld mit der Umgebung verbunden wird.

Chakras sind Teile der Aura. Sie sind durch das Rückgrat miteinander verbunden und bewegen sich vor und zurück durch eine Reihe konzentrischer oder spiralförmiger Bewegungen.

Die Kombination von Körper, Geist, Seele und Verstand bestimmt die Form und die Art der Chakras, die wiederum die Zusammensetzung der Aura bestimmen.

Unsere Aura kann für uns auf wunderbare Art wirken. Sie kann alle guten oder schlechten Dinge für uns anziehen. Sie ist buchstäblich unser Personalausweis des Lebens. Die Chakras helfen der Aura, gesund, stark, sensibel und strahlend zu sein. Beide zusammen spiegeln unsere Bewußtseinsentwicklung und fördern sie gleichzeitig auch.

Ich wünsche Ihnen viel Inspiration und Kraft, um Ihren Lebenssinn zu erfahren und zu verwirklichen und durch Ihre eigene Ausstrahlung (nicht etwa durch missionarische Belehrungen oder intellektuell spitzfindige Argumente) mehr Licht in Ihr Leben zu bringen und in das Leben der Menschen, denen Sie in Ihrem Leben begegnen.

Anhang

- *The Unseen Self - Kirlian Photography Explained*, Brian Snellgrove, Stockman 1997
- *Die richtige Schwingung heilt*, Ingrid S. Kraaz & Wulfing von Rohr, Goldmann Verlag, München 1989
- *Die Farben deiner Seele*, Ingrid S. Kraaz, Goldmann Verlag, München 1991
- *Aura Soma leicht gemacht - Mit Farbposter aller Flaschen*, H. Wiegel, Fischer Media Verlag, CH-Münsingen 1996
- *Heilende Meditation*, Rajinder Singh, Urania Verlag, Ch-Neuhausen 1996

Adresse des Autors

Brian Snellgrove
102 Thurlow Park Road
London SE21 8HY
England

Dr. Jörg Zittlau

**Die Ideal-Diät für
Ihre Blutgruppe**

Typgerechte Ernährung –
die neue Gesundheitsformel

160 Seiten

TB 20629-X

Originalausgabe

Dr. Jörg Zittlau legt in seinem Buch ein revolutionär neues Ernährungsprogramm vor: eine Diät, die perfekt abgestimmt ist auf Ihre Blutgruppe! Es ist wissenschaflich erwiesen, daß der Körper je nach Bluttyp unterschiedlich Nahrung verarbeitet und Krankheitserreger bekämpft. Denn die Blutgruppen entstanden in unterschiedlichen Stadien der Evolution, um den Menschen jeweils optimal an die äußeren Bedingungen anzupassen. Die Konsequenz: Menschen mit Blutgruppe A vertragen beispielsweise Fleisch viel schlechter als Menschen der Blutgruppe 0.
Dr. Jörg Zittlau hat für alle Typen einen detaillierten Ernährungs- und Wellnessplan ausgearbeitet. Die hämoharmonische Diät für Wohlbefinden, Fitneß und höchste Leistungsfähigkeit!

Werner Zenker

Johanniskraut

Ein Geschenk der
Natur verhilft zu Aus-
geglichenheit und positiver
Lebenseinstellung

160 Seiten

TB 20590-0

Streßsituationen und erhöh-
te psychische Belastung
führen immer öfter zu
schwerwiegenden körper-
lichen Beschwerden. Meist
ist die chemische Keule kein
sinnvoller Weg aus der
Krise.

Johanniskraut ist ein natür-
liches Heilmittel, dessen
Wirkkraft auf Stärkung und
Aufbau der geistigen und
körperlichen Gesundheit
zielt – ohne unangenehme
Nebenwirkungen. Dieses
Buch erläutert Ihnen einerseits, welche möglichen
Ursachen Depressionen und
psychovegetativen Störun-
gen zugrunde liegen.
Außerdem zeigt es die
unterschiedlichen Möglichkeiten auf, mit Johannis-
kraut-Präparaten zu
Lebensmut, Tatkraft und
Leistungsfähigkeit zurück-
zufinden, die eine erste Voraussetzung für den Weg aus
der Krise sind. Ein Ratgeber
für jeden, der die natürlichen
Kräfte von Johanniskraut zur
Bewältigung schwieriger
Lebenslagen nutzen möchte.